IRÈNE DE FONT-VERGER · DIE KÜCHE DER PROVENCE

HÄDECKE

Irène de Font-Verger

Die Küche der PROVENCE

Land und Menschen

fotografiert von Rémi Michel

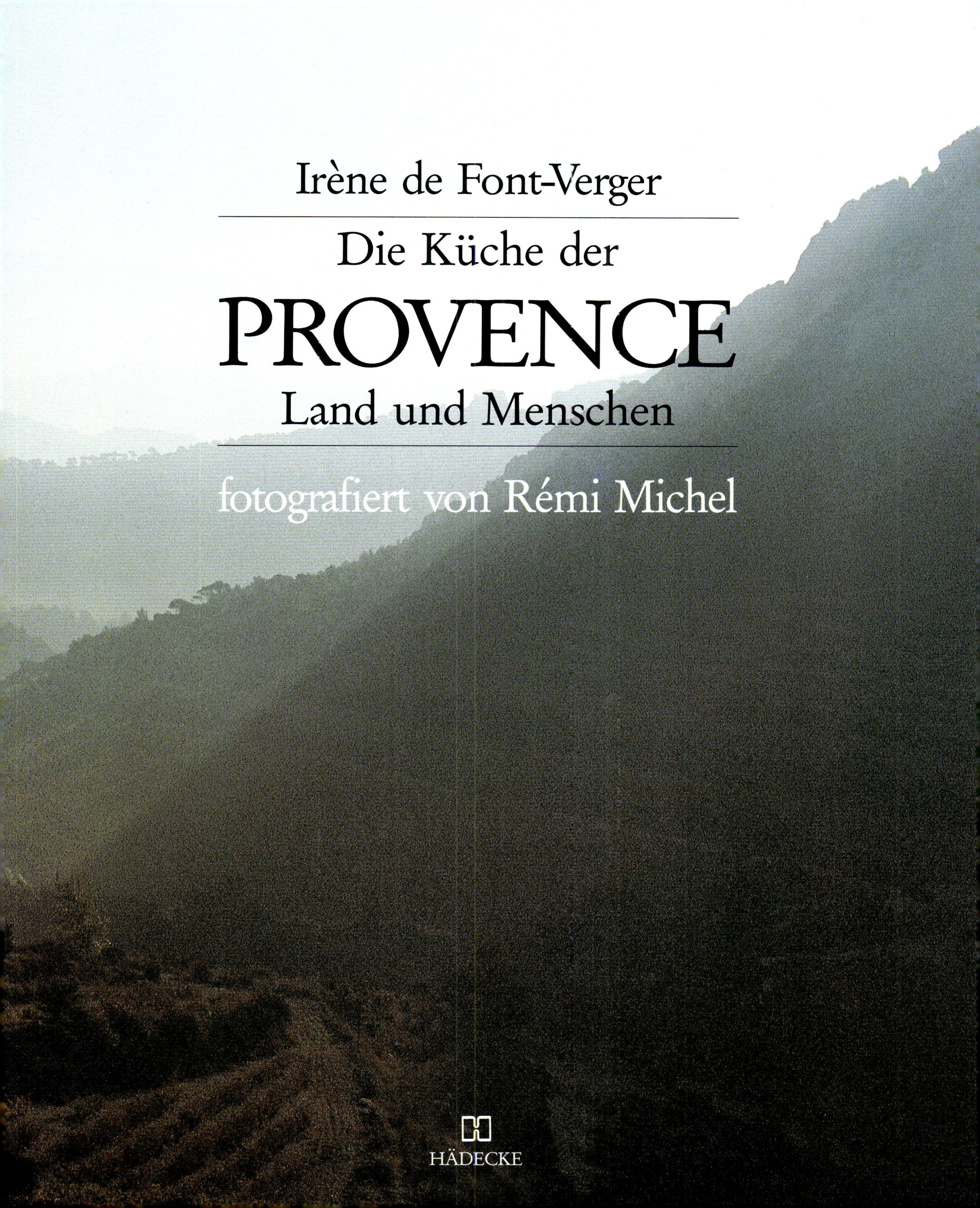

HÄDECKE

INHALT

Anis vert
Serpolet
Mélange Pizza
Cerfeuil
Romarin
Badiane
TISANE
LA VIE EN HERBES
Roses
Mauve
Persil
Ciboulette
Fleur d' oranger
Sauge
Estragon

Die Autorin

Irène de Font-Verger lebt mit Aubépine de Sénanque, Casimir Mistral, Mimine, Mirliton, Malabar (gelegentlich kommen noch ein paar weitere Katzen zu Besuch) und einem netten Menschen in Lioux. Von ihrem Schreibtisch aus blickt sie auf den Petit Luberon über das Calavon-Tal bis zu den Alpillen. Leider muß sie hin und wieder von ihrem Hügel ins Tal hinab, zum Beispiel um bei ihrem Verleger ein Manuskript abzuliefern, oder um an einer entlegenen Universität Sprachen zu unterrichten. Essen und trinken sind ihre liebsten Hobbys.

© Photo:
Marie-Pierre Grégoire

Der Fotograf

Rémi Michel wurde 1948 in Fontaine de Vaucluse geboren, wo seine Familie seit vielen Generationen ansässig ist. Dort lebt und arbeitet er bis heute. Er wird auf der Stelle krank, wenn er die Grenzen der Provence überschreiten oder seine Leica zur Seite legen muß. Er ist ein Perfektionist, ein echter Stier. Wird nie müde, seine Heimat zu photographieren. Seit zehn Jahren knipst er mindestens zwei Kodakrollen à 36 Aufnahmen pro Tag ab. Fliegt gern im Helikopter, um Luftaufnahmen zu machen. Ein Genießer. Ißt gern, daher die Themen seiner Photos (und die Wahl seiner Frau Elise, die ihn mit allen provençalischen Köstlichkeiten verwöhnt). Trägt nur provençalische Hemden. Ist wie alle Provençalen im Grunde seines Wesens mißtrauisch, zurückhaltend, schwierig. Es dauert lange, bis er jemand an sich heran läßt. Hat kein Bedürfnis zu reisen, ist jedoch sehr neugierig. Ein Technik-Freak. Seine Lehrmeister (und Freunde) sind Hans Silvester und Jean Dieuzaide, der eine hat ihm den Umgang mit Farbe, der andere mit Form und Gestalt beigebracht.

Dank

Bei allen Provenceliebhabern, Freunden, Nachbarn, Kollegen, die mir bei der Arbeit an diesem Buch behilflich waren, vor allem auch bei denen, die im Text nicht genannt werden, möchte ich mich an dieser Stelle herzlich bedanken.

ISBN 3-7750-0205-7

Einzelrechte an den Bildern:
Rémi Michel (RAPHO, Paris).
Layout: Monika Graff
Satz:
IBV Satz- und Datentechnik GmbH, Berlin.
Reproduktionen:
Repro-Technik Ruit, Ostfildern.
Gesamtherstellung:
Mohndruck, Gütersloh.
Printed in Germany 1990.

Die Provence vor der französischen Revolution

L'avant-paradis

Als »avant-paradis«, kurz vor dem Garten Eden liegend, bezeichnet der provençalische Dichter *Paul Arène* seine Heimat. Und in der Tat, wem kommen nicht paradiesische Zustände in den Sinn, wenn er von der Provence träumt, an Sonne, Licht, blauen Himmel, an Ölbäume und Zypressen denkt, den berauschenden Duft des Lavendels und der Kräuter zu schnuppern meint, aber auch den rauhen Mistral fegen hört. Wer in weniger elegischer Stimmung ist, wird sich ganz sicher auch an Knoblauch, Olivenöl, Ziegenkäse und Wein... an eine bestimmte Art zu leben, an eine bestimmte Art zu genießen, an eine bestimmte Art zu essen erinnert fühlen!
Es ist kein Zufall, daß der kulinarische Ruf dieses Landstrichs – und damit auch die diesbezüglichen Halbwahrheiten, Irrtümer, Häresien – seit langem und weltweit etabliert ist, reichen doch seine Wurzeln weit zurück in die Geschichte der römischen »provincia«. Und weiter noch: Marseille sei, so heißt es, im Anschluß an ein großes Festbankett gegründet worden, nachdem über die Verehelichung von Gyptis, der Tochter des Königs, der über die Bucht von Massalia herrschte, mit dem phokäischen Führer Protis verhandelt worden war...
Im Mittelalter wurden die Grafschaft der Provence und das Königreich von Sizilien vom Hof von Aix aus regiert; damals schon, unter der Herrschaft der Königin Jeanne und später des »guten Königs René«, habe die Küche am Hof von Aix drei Sterne verdient, behauptet der Provence-Fachmann *Louis Stouff* in seinem Buch über die Ernährung in der Provence.

Im Jahre 1305 flüchten die Päpste nach Avignon, um sich vor den Unruhen in Italien in Sicherheit zu bringen; sie kaufen Königin Jeanne die Stadt ab und bauen den berühmten Palast. Die besonders innige Beziehung, die der Klerus in den folgenden Jahrhunderten zum guten Essen und Trinken hegt, ist bekannt, und der Châteauneuf-du-Pape ist nur ein Bestandteil, ein vollmundiger allerdings, des gastronomischen Erbes dieser Zeit.
Gegen Ende des 15. Jahrhunderts wird die Provence im Zuge komplizierter Erbschaftsvereinbarungen französisch, mehr oder weniger gegen ihren Willen. Von diesem Zeitpunkt an beginnt dann ein langer Prozeß der nationalen Integration, der seinen – eher schmerzhaften – Höhepunkt nach der Französischen Revolution mit der neuen Aufteilung des Landes in Départements erreicht. Die provençalische Einheit zerbricht. Regionale Traditionen und Besonderheiten, somit auch die landeseigene Sprache, werden bekämpft, die französische Sprache setzt sich allmählich durch.

◁ Lavendelfelder bei Aurel

Bauernmarkt in Coustellet

Mit der »Demokratisierung der Kultur«, wie man es heute nennen würde, bzw. mit dem Sieg der Bourgeoisie über den Adel geht auch eine tiefe Veränderung der gastronomischen Bräuche in den Provinzen einher. Der Hof ist nicht weiterhin der privilegierte Ort, wo Gastronomie stattfindet, wo kulinarische Moden entstehen und befolgt werden; eine neue Form von Begegnungsstätten des Genusses entsteht, die Restaurants. Vornehmlich – wie sollte es auch anders sein – in der Hauptstadt. Und damit werden die regionalen Küchen, insbesondere und sehr früh schon die provençalische, Teil der französischen Küche. Bereits 1786, also noch vor der Revolution, eröffnen in Paris drei Brüder, »les Frères Provençaux« ihr Restaurant unter eben diesem Namen. Das Pariser Bürgertum entdeckt die *Bouillabaisse* und die *Brandade de morue*. Die *Cuisine provençale* macht Furore und Knoblauch ist »in«.

»Knoblauch, der einst in unseren Küchen kaum geduldet wurde, den die Köche sogar nur heimlich benutzten, dessen Name allein schon unsere kleinen Maitressen am Hof und in der Stadt in Wallungen versetzte, Knoblauch ist seit dieser Zeit ein fast gewöhnlicher Würzstoff geworden in Paris. Nicht nur die Köche benutzen ihn, ohne es zu verheimlichen, sondern auch die zartesten Frauen haben keinerlei Hemmungen mehr, Ragouts zu essen, in denen er vorherrscht: Gewiß ist davon der milde Hauch ihres Atems stark beeinträchtigt, da sich aber jedermann auf diese Kost umgestellt hat, kann in diesem Punkt niemand mehr dem anderen Vorwürfe machen«, schreibt *Grimod de la Reynière* in seinem Almanach des Gourmands (3. Jahrgang, Seite 207).

Indessen beginnt sich der Widerstand der provençalischen Seele gegen den gleichmachenden Zentralismus zu regen, und 1854 gründet eine Gruppe von provençalischen Dichtern, an ihrer Spitze *Frédéric Mistral, Joseph Roumanille* und *Théodore Aubanel*, den heute noch lebendigen *»Félibrige«*, dessen Ziel es ist, die Kultur und die Sprache der Provence zu neuem

Leben zu erwecken. Eine bodenständige Kultur findet ihren Ausdruck unter anderem auch in einer bodenständigen Küche. Und wenn die kulturelle Identität einer Region gefährdet ist, wird die Küche zu einer Art Zelle des Widerstandes: In der Folgezeit schießen provençalische Kochbücher wie Pilze aus dem Boden; Mistral selbst gründet 1891 eine Regionalzeitung mit dem schönen Namen »*L'Aïoli*«.

Die Bestandteile der provençalischen Küche werden festgelegt, ihre besondere Art der Zubereitung präzise bestimmt. Der provençalische Kochtopf ist bunt, wenngleich ein Großteil der Gemüsesorten, ohne die wir uns heute die provençalische Küche nicht mehr vorstellen können, erst im 16. Jahrhundert oder noch später eingeführt wurde. Der provençalische Kochtopf wird beherrscht von Lammfleisch und Fischen, er duftet nach Knoblauch, Kräutern und Olivenöl. Dem Mythos (oder der Wirklichkeit) des verlorenen »Kulinarischen Paradieses«, das es um jeden Preis zu retten gelte, stehen Tür und Tor offen.
Diesem Mythos bin ich aufgesessen. Ich habe jahrelang nach der noch wahreren Geschichte, dem noch echteren Rezept gesucht. Mal wurde ich zur Anhängerin dieser Schule, mal zur bekehrten Eingeweihten jener. Mal wußte ich, daß Languste in der Bouillabaisse eine Irrlehre sei, dann war ich wieder überzeugt, daß Bouillabaisse überhaupt nur als eine solche bezeichnet werden kann, wenn sie wie in Martigues Kartoffeln enthält… Sektiererei, Folklore!
Heute weiß ich, daß die Qualität einer regionalen Küche ganz einfach von der Vielzahl, dem Reichtum der Erzeugnisse der entsprechenden Region abhängig ist. Und noch etwas ist entscheidend: Phantasie, Einfallsreichtum, Lebenslust und Genußfähigkeit derjenigen, die diese Küche praktizieren; kurz: der kulturelle Hintergrund.
Historisch gesehen ist die Provence eine Durchgangsregion zwischen Frankreich und Italien. Wirtschaftlich stellt sie seit jeher den Kreuzweg zwischen Norden und Mittelmeer dar. Marseille ist bis heute eine Drehscheibe des Handels zwischen Europa, Afrika und Nahost. Alle Gewürze dieser Welt lagerten auf der Durchreise im Hafen dieser Stadt. Die Küche dieser Region ist kein starres, geschlossenes, auf die Vergangenheit hin

gerichtetes, endgültiges System von gastronomischen Regeln und Normen. Sie hat sich im Lauf der Jahrhunderte zahlreichen Einflüssen ausgesetzt, hat diese Einflüsse genutzt, sie sich dienstbar gemacht, integriert, ohne ihren eigenen Charakter zu verlieren. Und die Synthese des italienischen und des französischen

Einflusses ist geglückt. Spät Eingeführtes (Tomaten, Zucchini, Auberginen und vieles mehr) wurde auf so hervorragende Weise integriert, daß es heute als Wahrzeichen des Landes gilt. Kann man sich heute eine provençalische Küche ohne *»pommes d'amour«*, ohne Liebesäpfel, sprich Tomaten, vorstellen?

Und noch etwas, was für alle regionalen Küchen (für alle regionalen Kulturen?), nicht nur für die provençalische, gilt: So wie die Tradition des Volksmärchens erstarrte, als verdienstvolle Sammler, um sie vor dem Untergang zu retten, begannen diese schriftlich niederzulegen, so besteht die Gefahr, daß eine regionale Küche, die aus ihrer mündlichen Überlieferung herausgerissen und kodifiziert wird, erstarrt: die beste *Soupe au pistou* ist niemals die, deren Zutaten in Gramm und Deziliter gemessen, die beste *Bouillabaisse* niemals die, in der die Fische abgezählt und nach Größe ausgewählt wurden. Die klassische und weniger klassische *Haute Cuisine* braucht eine akribische, wissenschaftlich genaue Grundlage, sie basiert auf schriftlicher Überlieferung. Die regionale, rustikale Küche lebt hingegen von der mündlichen Überlieferung und der Nachahmung. »Meine Mutter hat übrigens auch...« – »Leider habe ich meine Großmutter nie gefragt, ob sie...« Dies sind die wahren Grundlagen einer jeden regionalen Küche. Spielt man das Spiel der Sektierer und Schismatiker, begibt man sich, wie ich es selbst einige Zeit getan habe, auf die Suche nach der einzig wahren, der absolut orthodoxen provençalischen Küche, so gerät man zwangsläufig auf die kulinarisch schiefe Bahn: Steriles, Unkreatives, Phantasieloses ist das Ergebnis – der einzig anstrebenswerte Zweck, die Sinnlichkeit, löst sich in Nichts auf.

Zurück zur Geschichte bzw. Landeskunde oder Geographie der Provence.
Auf das Thema Provence angesprochen, hat jeder Mensch, zumindest jeder Europäer, ziemlich kraftvolle, ziemlich farbenprächtige Assoziationen; die Postkartenvision ist sogar mit Düften und Temperaturvorstellungen verbunden. Touristik-Unternehmer würden vom »starken Image« eines Landstrichs sprechen, das in die Verkaufsstrategie gewinnträchtig eingebaut werden kann. Sobald jedoch die Fragen präziser werden, zum Beispiel nach den geographischen Grenzen dieses Landes (dieser Region? schon auf dieser Ebene weist die Terminologie auf Unsicherheiten), geraten sogar einheimische Politiker, Verwaltungsbeamte und Historiker – und ich habe einige befragt – durcheinander. Jedenfalls gewinnen die Umrisse auch nach einem (notgedrungen kurzen) historischen Rückblick nicht an Klarheit.
Im 9. Jahrhundert, unter der Führung des *Grafen Boson von Arles*, reichte die Provence im Norden bis nach Lyon. Unter *Kaiser Ludwig III.*, Ludwig der Blinde genannt, zu Beginn des 10. Jahrhunderts schloß sie sogar zeitweilig Burgund mit ein. Unter *Karl I.* in der zweiten Hälfte des 13. Jahrhunderts wurden Teile des Piemonts und einige Gebiete westlich der Rhône (Uzès, Aigues-Mortes, Nîmes) mit eingeschlossen. Aus diesem groben Rückblick geht hervor, wie schwierig es ist, im Streit um die »wahren Grenzen« der Provence einschlägige Argumente zu sammeln. Seien wir also kompromißbereit und versuchen wir, den Kern einzugrenzen, jenen Teil, der allen politischen Entwicklungen in der Zeit zwischen der römischen Provincia und der heutigen Region Provence-Côte d'Azur zum Trotz eine gewisse Eigenständigkeit bewahren konnte. Man wird auf verhältnis-

mäßig natürliche Grenzen – mit gewissen Grauzonen – stoßen: im Süden das Meer, im Norden die Ausläufer der Alpen, die Montagne de Lure und die Berge der Vaucluse, im Osten der Fluß Var, im Westen der südliche Lauf der Rhône und das Rhônedelta mit der sehr eigentümlichen Landschaft der Camargue zwischen *petit* und *grand Rhône*. Kern der Provence bilden also die heutigen Départements Bouches du Rhône, Var, Alpes de Haute-Provence und Vaucluse, dazu kommt der südliche Teil des Départements Drôme. Über die heikle Frage, ob die ehemalige Grafschaft Nizza dazuzuzählen ist oder nicht, sollen andere streiten. Sie wurde jedenfalls bereits im 10. Jahrhundert von der Provence annektiert, an den Zentralstaat Frankreich jedoch wurde sie erst 1860 angebunden. Fest steht, daß die italienische Vergangenheit diese Stadt und ihre Umgebung prägt: Ganz besonders ist dieser italienische Einfluß (den Nizza hauptsächlich genutzt hat, um sich von der großen Rivalin Marseille abzugrenzen) in der Küche zu spüren, wenngleich im historischen Schmelztiegel Provence dieser italienische Einfluß überall wirksam war und bestens integriert wurde.

Vallée du Toulourenc: Der Name stammt von dem Ausdruck »tout ou rien«, »alles oder nichts«. Durch dieses Tal fließt entweder sehr viel Wasser oder gar keines.

Auf kulinarischer Ebene kann man sich darauf einigen, daß die unendliche Vielfalt dieser Region ihren Reichtum ausmacht. Wirft man noch einmal einen Blick auf die Landkarte und umkreist das eben definierte Areal, so springt einem ins Auge, daß die Küche von drei geographischen Faktoren geprägt sein muß: vom *Meer*, von den großen *Ebenen* in den Tälern, hauptsächlich dem Rhône- und dem Durance-Tal, und vom *Bergland*.

Die Durance: »Hier ist Wasser Gold« – Denkmal für einen Fluß, ohne den die provençalische Küche um vieles ärmer wäre.

Das Meer liefert der Provence eine ungeahnte Vielfalt an Fischen und Krustentieren (die heutzutage aus Gründen der Umweltverschmutzung wahrscheinlich schon stärker eingeschränkt ist, als man es wahrhaben will). Bezeichnend dafür ist, daß *Marius Morard* in seinem *»Manuel complet de la Cuisinière provençale«* von 1886 – ein Standardwerk, auf das ich noch häufig zurückkommen werde – fast zweihundert Seiten, mehr als ein Drittel des Buches, den Fischen und Krustentieren widmet und über viele Seiten die provençalischen Namen der Fische mit ihrer französischen Übersetzung und einer kurzen Beschreibung auflistet. (Diese Liste wurde übrigens von *Reboul* ebenfalls aufgenommen, einem weiteren Klassiker des 19. Jahrhunderts zum Thema *Cuisine provençale*). Eines der weltweit verbreiteten Wahrzeichen der provençalischen Küche ist denn auch die *Bouillabaisse*, über die es noch einiges zu berichten geben wird.

Die Ebenen der Provence, allen voran das Durance-Tal, stellen den üppigsten Obst- und Gemüsegarten dar, den man sich erträumen kann: Artischocken, Spargel, Courgettes, Auberginen, Paprika, Tomaten, Fenchel, Salate in hundert Variationen, Kürbisse, kurzum alles, was ein Vegetarierherz höher schlagen läßt, gedeiht hier. Und noch dazu die Früchte: Mandeln, Feigen, Kirschen, Pfirsiche, Aprikosen, Pflaumen, Quitten, Melonen. Die kleine Stadt Cavaillon im Mittelpunkt des Durance-Tales versteht sich als Weltmetropole der Melone, vor allem aber ist sie der größte Umschlagplatz für Obst und Gemüse in Europa. Hunderte von Gemüse-Export-Firmen schicken tagtäglich Tausende von Lastwagen in alle Himmelsrichtungen, um Europa und den Rest der Welt an den Erzeugnissen dieses Paradieses teilhaben zu lassen. Die *»Exportateurs«* kennen die besonderen Vorlieben der verschiedenen Verbraucherländer.

Lagerhalle der Firma Flavien in Cavaillon, die täglich mehrere LKWs mit frischen Provence-Produkten nach Deutschland schickt. ▷

Ich habe zugesehen, wie bildschöne Zucchini in einer riesigen Lagerhalle reisefertig gemacht wurden: Der Unterschied zwischen den »englischen« und den »deutschen« Zucchini war verblüffend, aber die einen wie die anderen sahen wie gemalt aus.

Tomate
5 F

Thymianblüte

Aber auch das scheinbar karge Hügelland und die gebirgigen Bereiche im Norden der Provence liefern einen wesentlichen Beitrag zur Vielfalt der provençalischen Küche. In der Macchia und der Garrigue wachsen die schönsten, wohlriechendsten Kräuter, ohne die kaum ein provençalisches Gericht auskommt, aber auch Pilze – die orangefarbenen *»Pinins«*, Pfifferlinge und Morcheln! – und vor allem... Trüffel. Aber das ist nicht alles. Ohne die Schaf- und Ziegenzucht, die wiederum nur in den hügeligen Gegenden praktiziert werden kann, fehlte der provençalischen Küche das Fleisch und der Käse. Das beste Wildbret, Wildschwein, Wildkaninchen, allerlei Vögel (leider auch die sehr kleinen, gefährdeten Singvögel), die im Winter die provençalische Tafel bereichern, kommen aus diesen höhergelegenen Gebieten. Und der Lavendel, der zu den verbreitetsten Klischeevorstellungen über die Provence gehört und tatsächlich das beherrschende Element nur eines bestimmten Landstrichs ist, wächst erst ab einer Höhe von 750 Metern (der sehr viel ertragreichere *»lavandin«* ab 400 Metern).

Zu welchen kulinarischen Köstlichkeiten der Reichtum dieses Landes mit Liebe zur Tradition, aber auch mit Offenheit für Neues, zubereitet werden kann, möchte ich dem Leser auf unserem Streifzug durch die provençalische Küche nahebringen.

»Die provençalische Küche ist eine *Grande Dame*, die sich aus überspitzter Eitelkeit niemals ihrer Schürze entledigt. Aber die Schlichtheit, die sie sich auferlegt, muß der Vollkommenheit ihrer Kunst entsprechen. Diesem strengen Gebot hat sie stets treu zu bleiben.« Dieser metaphernreichen Definition von *Max Philippe Delavouet* möchte ich mich anschließen.

Und dem Leser vielleicht noch eine »klassische«, wenngleich ironische, Schilderung der hiesigen Küche anbieten, nämlich von *Madame de Sévigné* aus dem Jahre 1694:

»Da wir gerade dabei sind, sprechen wir doch ein wenig von dem grausamen Essen, das man hier immerzu bereitet, besonders zur Zeit; zwar sind es nur die gleichen Sachen, die man überall ißt: Rebhühner, das ist üblich; aber es ist nicht üblich, daß sie alle so geartet sind, daß man sie in Paris an die Nase führte und, mit einem bestimmten Gesichtsausdruck, riefe: ›Ach, welch ein Duft! Riecht doch nur!‹ Wir unterdrücken all diese Ausrufe des Erstaunens; diese Rebhühner sind alle mit Thymian und mit Majoran ernährt, und mit all dem, was unseren Riechsäckchen den Duft verleiht; es bleibt nichts an ihnen auszusetzen; das gleiche sage ich von unseren fetten Wachteln, deren Keule sich bei der ersten Aufforderung vom Körper lösen muß (sie unterläßt es niemals), und von den Täubchen, die alle gleichermaßen vollkommen sind. Was die Melonen, die Feigen, die Muskatellertrauben betrifft, so ist es seltsam: Wenn wir aus irgendeiner verrückten Laune heraus eine schlechte Melone finden wollten, so wären wir gezwungen, sie aus Paris kommen zu lassen, hier sind sie nicht aufzutreiben.«

Glitzernde Camargue-Landschaft ▷▷

RICARD
RICA
PASTIS DE MA

L'apéritif

Der Provençale lädt seine Freunde mit Vorliebe zum Apéritif ein. Je lauer der Sommerabend, desto länger läßt sich die Stunde des Apéritifs hinausziehen. Beim Apéritif kann man, ohne daß sich einer der Beteiligten (sprich: die Hausfrau) ständig um Wichtigeres, nämlich das Essen, kümmern muß, in aller Ruhe alles besprechen: das Wetter, das Wohlbefinden, das jüngst Erlebte und die nahe Zukunft... Selbst Geschäfte lassen sich bei einem Glas Pastis* besser aushandeln. Und da sich ein Apéritif in aller Regel nahezu »open end« gestaltet, muß vom Gastgeber dafür gesorgt werden, daß keiner der Gäste vor Hunger oder Trunkenheit vom Stuhl fällt. Dies wird dadurch verhindert, daß neben den in jedem Haushalt vorrätigen Oliven noch andere »Kleinigkeiten« angeboten werden, eine *Fougasse aux grattelons* zum Beispiel oder in Öl marinierte *Langues de tarasques* oder auch eine *Anchoïade* mit rohem Gemüse... und vieles mehr. Den Damen, die häufig keinen Pastis* mögen, werden hausgemachte Süßweine – *Vin de pêche, Vin de noix, Vin d'orange, Vin de coing* – gereicht. Hungrig verläßt keiner die Apéritif-Runde!

* siehe Glossar

Olives piquées
Schwarze Oliven »fachouiro«

Die reifen (auf keinen Fall überreifen) Oliven verlesen und mit einer Stecknadel mehrfach einstechen (fachouiro). Diese äußerst langwierige Arbeit kann etwas rationalisiert werden, indem man mehrere Stecknadeln durch eine ein Zentimer dicke Korkscheibe sticht und damit die Oliven bearbeitet. Die eingestochenen Oliven in ein Steingutgefäß füllen und so behandeln wie die grünen Oliven à la pichouline: Mit Wasser bedecken, neun Tage lang im Wasser liegen lassen, das Wasser täglich wechseln; in einer Lake aufbewahren, die allerdings etwas salziger sein sollte als die für die grünen Oliven (etwa 100 Gramm Salz auf 1 Liter Wasser).
Die Lake kann zusätzlich mit einem Stück Orangenschale aromatisiert werden.
Die schwarzen Oliven sollte man möglichst nicht unmittelbar aus der Lake heraus servieren. Viel besser schmecken sie, wenn sie mit Knoblauch, Thymian, Rosmarin oder anderen Kräutern in Olivenöl gelegt werden. Im Olivenöl kann man sie auch längere Zeit konservieren.

Olives »à la pichouline«
Grüne Oliven

Die grün geernteten Oliven verlesen und der Länge nach einschneiden. In einen großen Steinguttopf geben und mit Wasser bedecken. Die Oliven müssen neun Tage im Wasser liegen: täglich mehrmals umrühren und das Wasser erneuern.

Nach neun Tagen ist den Oliven die Bitterkeit entzogen, die sie zunächst ungenießbar macht, und das Fruchtfleisch ist mürber geworden, so daß es sich vom Stein leichter löst. Nun werden die Oliven in einer Lake aufbewahrt, die folgendermaßen zubereitet wird:

Für 1 Liter Wasser:
70 Gramm Salz
1 Lorbeerblatt
1 Zweig Fenchelkraut
1 Zweig Korianderkraut

Die Flüssigkeitsmenge je nach Menge der Oliven bestimmen. Eine Stunde kochen, abkühlen lassen, in ein großes Steingutgefäß füllen. Oliven hineinlegen, Gefäß zudecken und an einem möglichst kühlen Ort aufbewahren. Frühestens nach 14 Tagen sind sie wirklich genießbar.
Die Oliven werden mit einem großen runden Löffel aus Olivenholz, in den ein Dutzend Löcher gebohrt wurden, aus dem Gefäß geschöpft.

Olives vertes
Grüne Oliven, gewöhnliche Zubereitung

Um den grünen Oliven die Bitterkeit zu entziehen, ohne sie durch Einschneiden oder Aufschlagen zu verletzen, werden sie zunächst 48 Stunden lang in einen Brei aus Eichenholzasche und Wasser gelegt. Danach werden sie gewaschen und weitere neun Tage in klares Wasser gelegt, wobei auch diesmal das Wasser regelmäßig gewechselt werden muß. Danach werden sie in der mit Fenchel, Koriander und Lorbeer aromatisierten Lake aufbewahrt.

Olives cassées
Grüne Oliven »escachado«

Die gleiche Zubereitung wie für grüne Oliven »à la pichouline«. Die Oliven werden nicht eingeschnitten, sondern mit einem Holzhammer aufgeschlagen (escachado = kaputtgeschlagen).

Tapenade
Olivenpüree

Für 6 Personen und mehr:
250 Gramm schwarze Oliven, entkernt
1 Lorbeerblatt
1 Thymianzweig
1 Dutzend Pfefferkörner
1 Knoblauchzehe (mindestens)
1 Dutzend Sardellen
250 Gramm Kapern
Olivenöl

Die Oliven grob zerhacken. Lorbeerblatt, Thymian, Pfefferkörner und Knoblauch in einem Mörser zerdrücken. Zunächst die Sardellen (die zuvor gewaschen oder in Milch gelegt wurden), danach die Kapern und schließlich die grob zerhackten Oliven hinzufügen und das Ganze zu einem Mus verarbeiten. Zum Schluß soviel Olivenöl untermengen, daß eine homogene, cremige Paste entsteht.
Ein provençalischer Apéritif ohne Tapenade ist kaum vorstellbar. Es gibt mittlerweile fertige Tapenade in Gläsern zu kaufen, und selbst die Puristen geben zu, daß Tapenade nicht unbedingt hausgemacht sein muß. So gibt es zum Beispiel auf dem Markt in Isle-sur-la-Sorgue am Sonntagmorgen einen Olivenstand, an dem nicht nur etwa dreißig Sorten Oliven, sondern auch von der Standfrau selbstgemachte, etwas grobe, aber wunderbar duftende Tapenade angeboten wird.

Varianten:
etwas Zitronensaft
1 Schuß Cognac
1 kleiner, frischer Ziegenkäse
oder etwas Thunfisch

Caviar d'aubergines
Auberginenpaste

Für 6 Personen:
3 mittelgroße Auberginen
1 Knoblauchzehe (möglichst von jungem Knoblauch)
Pfeffer, Salz, 1/2 Kaffeelöffel Kümmel
Olivenöl
1/2 Zitrone
1 Bund Blattpetersilie

Die Auberginen waschen und der Länge nach aufschneiden. Die Hälften mit der aufgeschnittenen Seite nach oben auf ein Brett legen und mit einem spitzen Messer etwa fünfmal diagonal in beide Richtungen 2 cm tief einschneiden. Zum Wasserziehen mit Salz bestreuen, die Auberginenhälften auf ein Backofengitter mit der aufgeschnittenen Seite nach unten legen und am besten über die Spüle stellen.
Nach 1/2 bis 1 Stunde mit Küchenkrepp abtupfen, mit Olivenöl einpinseln und in den Ofen schieben: 5 Minuten Grill, 20 Minuten Umluft bei 220 Grad (oder 30 Minuten Ober- und Unterhitze).
Die Auberginenhälften aus dem Ofen nehmen und abkühlen lassen. Das Fruchtfleisch mit einem Löffel von der Haut lösen, was durch das vorhergegangene Einritzen erleichtert wird.
Das noch lauwarme Fruchtfleisch in den Mixer geben, Knoblauchzehe, Salz, Pfeffer und gemahlenen Kümmel hinzufügen und etwa 30 Sekunden lang bei hoher Geschwindigkeit mixen.
Umschalten auf langsamere Stufe und 1/2 Glas Olivenöl und den Saft 1/2 Zitrone hinzufügen. Noch einige Sekunden mixen. Die Masse in eine Schüssel füllen und ca. zwei Stunden kalt stellen.
Dieses Gericht kann ohne weiteres 4–5 Tage im Kühlschrank aufbewahrt werden.

Kühl servieren. Mit gehackter Petersilie bestreuen.

Oignons au vin rouge
Zwiebeln in Rotwein

Für 6 Personen:
60 kleine, weiße Zwiebeln
1 Zweig Thymian
1 Lorbeerblatt
250 Gramm durchwachsener Speck
3 Eßlöffel Olivenöl
1 Flasche Rotwein (Côtes du Ventoux oder Côtes du Rhône)
Pfeffer, Salz
2 Gewürznelken

Die etwa walnußgroßen Zwiebeln schälen und in Salzwasser mit Thymian und Lorbeerblatt 5 bis 10 Minuten blanchieren. Nach diesem Vorgang sollte man sie mit einer Nadel mühelos durchstechen können. Abtropfen lassen.
In einer großen Pfanne oder Kasserolle (sie sollte so groß sein, daß die Zwiebeln nicht aufeinanderliegen) den kleingewürfelten Speck in Öl anbraten. Die Zwiebeln hinzufügen und goldgelb werden lassen. Mit Rotwein übergießen, bis die Zwiebeln fast damit bedeckt sind. Mit Salz und Pfeffer bestreuen, die Gewürznelken hinzufügen und 20 bis 30 Minuten schmoren lassen. Der Rotwein soll etwa zur Hälfte einkochen.
Aufgewärmt schmeckt dieses Gericht am besten. Zum Apéritif kann es aber auch kalt serviert werden.
Die Schäferin vom Nachbardorf berichtet, daß sie ein ähnliches Zwiebelgericht als Ragout mit Kartoffeln und Speck (ohne Rotwein, mit einem Schuß Weißwein) zubereitet.

Langues de tarasques
Tarasques-Zungen – eingelegte rote Paprikaschoten

Wenn man weiß, was es in der Provence mit der *Tarasque* auf sich hat, kann man sich vorstellen, welche Eigenschaften dieses Gericht haben muß. Die *Tarasque* ist der Provence, was der Wolpertinger Bayern ist: ein angsterregendes Fabeltier, eine Mischung aus Löwe, Hund, Wolf und Drache, rot und feuerspeiend, dem man des Nachts besser nicht begegnen sollte. Die Zunge eines solchen Untiers muß zwangsläufig rot und scharf sein.

Rezept folgende Seite

Langues de tarasques
Tarasques-Zungen

Für 6–10 Personen:
4 gleich große, rote Paprikaschoten
Olivenöl in größeren Mengen
12 Knoblauchzehen (mindestens)
Salz und Pfeffer

Die Paprikaschoten so lange bei kräftiger Hitze im Backofen liegen lassen, bis die Haut dunkle (nicht schwarze) Blasen bildet. Mehrmals wenden, damit sich die Schoten gut schälen lassen.

Die Haut abziehen und die Schoten der Länge nach aufschneiden; die Körner sorgfältig entfernen. Die Paprika in schmale Streifen zerteilen, diese mit Küchenkrepp trocknen.

Den Boden eines mittelgroßen *Tian** mit etwas Olivenöl bedecken und schichtweise mit dicht aneinandergereihten Paprikastreifen auslegen. Jede Schicht mit Pfeffer und Salz bestreuen, mit püriertem Knoblauch** bestreichen und mit Olivenöl übergießen, bis alles mit Olivenöl bedeckt ist. Kalt stellen und mindestens 24 Stunden marinieren lassen. Die Tarasques-Zungen können vier bis fünf Tage im Kühlschrank aufbewahrt werden. Man ißt sie »à l'apéritif«, mit Oliven und knusprigem Baguette.

* siehe Glossar

** Der Knoblauch muß zuvor entkeimt werden. Nur bei ganz jungem Knoblauch kann man darauf verzichten. Der grüne Keim, der sich bei länger lagerndem Knoblauch bildet, ist schwer verdaulich. Durch das Entfernen des Keims wird auch der häufig als unangenehm empfundene Geruch stark verringert.

Langues de tarasques, Rezept siehe oben ▷

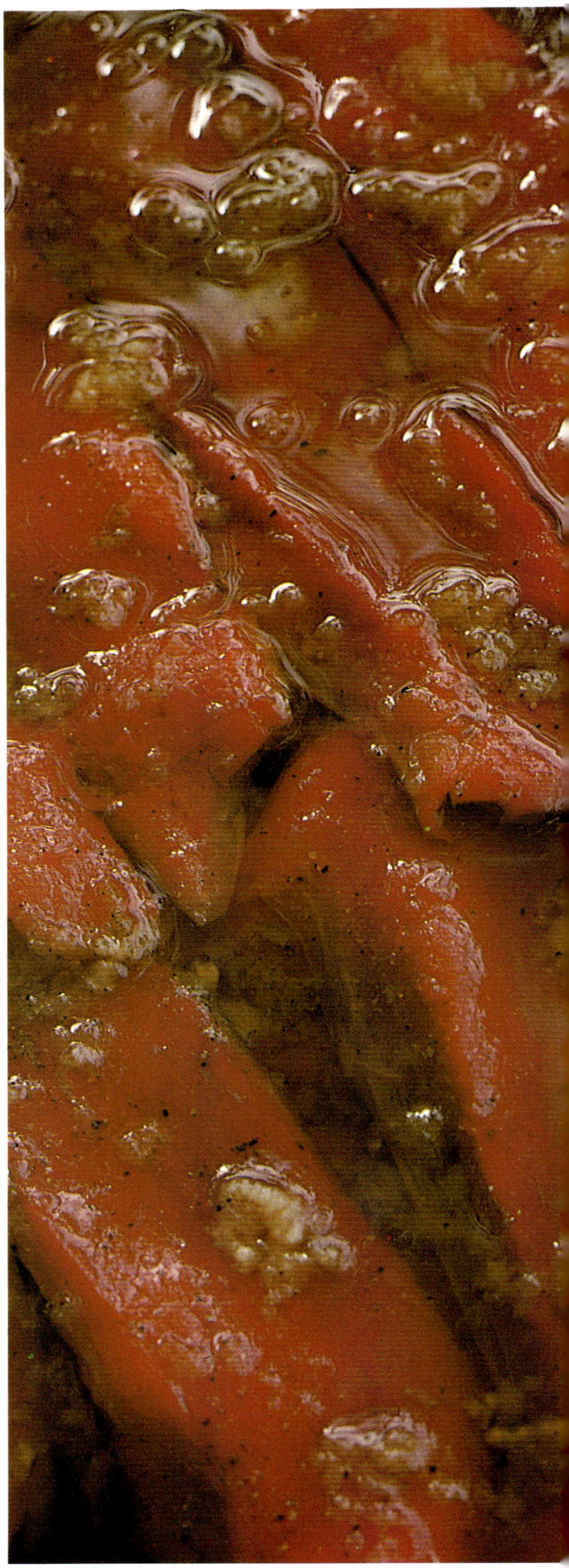

Les sauces

Saucen und was sonst noch dazugehört

Um allzu häufige Wiederholungen zu vermeiden, sollen an dieser Stelle jene Grundrezepte genannt werden, die sehr oft, möglicherweise in Varianten, in der provençalischen Küche vorkommen.

Vinaigrette

Vinaigrette, von *»vinaigre«* (Essig): eine kalte Sauce, die im Prinzip lediglich aus Weinessig, Pfeffer, Salz und Olivenöl besteht. Es fehlt nur der Knoblauchduft, und dieser soll nicht zu vordergründig sein. Also wird die Schüssel, in der die Vinaigrette zubereitet wird, mit einer Knoblauchzehe ausgerieben.

Selbstverständlich sind hier alle Varianten erlaubt: mit Dijon-Senf, mit allerlei Kräutern, mit (mehr) Knoblauch, mit Kapern, ja sogar mit im Mörser zerdrückten Sardellen. Mit Vinaigrette macht man Salat an, aber man ißt auch Artischocken oder Spargel mit Vinaigrette. Eine Köstlichkeit im Frühjahr ist wilder Lauch (den es vor allem in den Weinbergen gibt) in Vinaigrette. Erfrischend im Sommer sind Tomatenscheiben, beträufelt mit Vinaigrette... Und unendlich vieles mehr.

Anchoïade
Sardellensauce

12 Sardellen
5 Knoblauchzehen
Weinessig
gut 0,2 l Olivenöl
Salz, Pfeffer

Die Sardellen waschen und entgräten. Falls sie sehr salzig sind, 1 Stunde in Milch legen. Knoblauch schälen, entkeimen und grob zerkleinern. Sardellen, Knoblauch, einen Schuß Essig, einen Eßlöffel Olivenöl in den Mörser geben und so lange bearbeiten, bis eine sämige, dicke Paste entsteht. In die Paste kann zusätzlich ein Eigelb und etwas Zitronensaft eingerührt werden. Mit Salz und Pfeffer abschmecken. Danach unter ständigem, regelmäßigem Rühren, wie bei einer Mayonnaise, das restliche Olivenöl unterrühren.
Anchoïade kann für einige Tage auf Vorrat zubereitet werden. Sie wird zu allerlei Crudités* gereicht.

Variante:
1 Eigelb
1 Spritzer Zitronensaft

◁ Anchoïade schmeckt gut zu Staudensellerie

La rouille

Über das Thema Rouille und ihre Zubereitung läßt sich herrlich streiten. Darf darin Eigelb verarbeitet werden? Muß eine zerdrückte Kartoffel daruntergemengt werden? Oder vielleicht doch eher eine Handvoll Paniermehl?
Für mich ist Rouille nichts weiter als eine sehr scharfe Mayonnaise, in der eine Pfefferschote mitverarbeitet wurde. Rouille wird an der ganzen Mittelmeerküste zu jeder Fischsuppe, aber auch zur Bouillabaisse gereicht.
In den alten Kochbüchern wird allerdings immer wieder betont, daß Rouille eigentlich nur dann erforderlich ist, wenn nicht alle notwendigen Fischsorten vorhanden sind, die der Suppe oder der Bouillabaisse den feinen und zugleich kräftigen Geschmack verleihen.

3 Knoblauchzehen
1 Pfefferschote
2 Eigelb
1/4 Liter Olivenöl
4 Eßlöffel Fischsuppe oder Fischsud
1 Prise Safran

Knoblauch und Pfefferschote im Mörser zerdrücken, so lange, bis sie eine sämige Masse bilden. Mit den beiden Eigelb und den Safran verrühren. Olivenöl sehr vorsichtig und gleichmäßig unterrühren. Zum Schluß etwas eingedickten, kalten Sud von der Suppe untermengen: Die Konsistenz der Rouille sollte nicht ganz so fest, dafür noch cremiger als die der Mayonnaise sein.

* siehe Glossar

Coulis de tomates
Tomatensauce

Zu unendlich vielen provençalischen Gerichten gehört Tomate bzw. Tomatensauce, und jede Hausfrau, die nicht so gern auf Tomaten aus der Dose zurückgreifen mag, macht sich im Spätsommer, wenn die Tomaten fast nichts mehr kosten, ihren Coulis-Vorrat. Auch hierzu gibt es unzählige Rezepte und Methoden. Meine Nachbarin *Simone* zum Beispiel zieht es vor, ihren Coulis »ohne Geschmack« zuzubereiten, d. h., sie begnügt sich damit, die Tomaten ohne jegliche Zutaten zu pürieren, die Sauce in Flaschen abzufüllen und zu sterilisieren. Mein Rezept stammt von *Madame Jouve* vom *Clos de Filliol*, deren ganzes Haus zur Coulis-Zeit von früh bis spät nach Knoblauch und Kräutern duftet. Madame Jouves Coulis ist sozusagen tafelfertig: Er wird in verschieden große Gläser abgefüllt und sterilisiert.
Übrigens eignen sich zum Coulis die Eiertomaten am besten, da ihr Fleisch fester ist und sie weniger Wasser enthalten.

Mengenangabe für 4 Kilo Tomaten:
1 Kilo Zwiebeln
15 Knoblauchzehen
Pfeffer, Salz
3 Lorbeerblätter
Thymian, Rosmarin, Sariette*
oder Basilikum
Olivenöl

Tomaten kurz in kochendes Wasser legen. Haut abziehen, halbieren, Wasser ausdrücken und die Kerne sorgfältig entfernen.
Zwiebeln und Knoblauch schälen und kleinhacken. In einem großen Topf in viel Olivenöl mindestens eine halbe, besser eine Stunde dünsten.
Die Tomaten in möglichst kleine Würfel schneiden und zu den Zwiebeln und dem Knoblauch fügen. Pfeffer, Salz und Kräuter zugeben, umrühren. Deckel schließen und etwa eine Stunde bei mäßiger Hitze dünsten. Deckel abnehmen und, je nachdem, wieviel Wasser das Gemüse gezogen hat, mindestens eine weitere Stunde vor sich hin köcheln lassen. In Gläser abfüllen, 20 Minuten sterilisieren.
Wer keine Lust hat, die Tomaten zu schälen und klein zu schneiden, kann die Sauce nach vollendeter Garzeit auch passieren. Wer sie besonders homogen mag, gibt sie kurz in den Mixer.
Nach meiner Erfahrung sollte man auf keinen Fall mehr als die angegebene Menge Coulis auf einmal herstellen. Wenn meine Nachbarn Anfang September ihr Tomatenfeld abräumen, bringen sie mir immer eine Kiste mit 20 Kilo Tomaten. Ich verarbeite sie in mindestens fünf Fuhren und versuche dabei, die Kräuter zu variieren. Ich habe auch schon *Coulis à la sauge*, Tomatensauce mit Salbei, gemacht.
Nach der gleichen Methode stellt man *Poivronade* oder *Coulis aux poivrons* (Paprikasauce) her. Allerdings muß man beim Paprika immer etwas Wasser oder auch trockenen Weißwein beim Kochen hinzufügen.

* siehe Glossar

Coulis de tomates ▷

Le pistou
Basilikumpaste

5 Knoblauchzehen
1 Handvoll Basilikumblätter
100 Gramm geriebener Käse
(z. B. Parmesan), 1 Tasse Olivenöl

Knoblauch schälen, entkeimen, grob zerhacken und mit den gewaschenen Basilikumblättern in den Mörser geben. So lange mit dem Stößel bearbeiten, bis das Ganze ein Mus bildet. Käse und Olivenöl untermischen und weiterrühren, bis die Konsistenz cremig ist.

Pistou wird zur Gemüsesuppe serviert, schmeckt aber auch zu Tomaten oder zu frischen Nudeln hervorragend.

Crème d'ail
Knoblauchcreme

20 Knoblauchzehen, ungeschält
2–3 Eßlöffel Bratensaft (z. B. von Lamm)
Pfeffer, Salz

Die ungeschälten Knoblauchzehen in kochendes Wasser geben. 1/4 Stunde kochen. Abtropfen und mit dem Stößel des Mörsers durch ein Sieb drücken. In das Knoblauchmus etwas Pfeffer und Salz und den Bratensaft geben. So lange rühren, bis die Masse eine gleichmäßig cremige Konsistenz hat.

Knoblauchcreme paßt zum Gigot oder zum Lammrücken, aber auch zum Kaninchen oder sogar zum Schweinebraten.

Die Schäferin Madame Vernet in ihrem Vorratskeller ▷

Les soupes

»La soupo tapo un trau« – »die Suppe stopft ein Loch«, sagt ein provençalisches Sprichwort.
Die Abendmahlzeit bestand früher und besteht auch heute noch in vielen Bauernfamilien lediglich aus Suppe. Nahrhaft wird eine solche karge Mahlzeit erst in Verbindung mit Brot und Olivenöl. Früher wurde meist eine schlichte Scheibe Weißbrot in den Teller gelegt und darauf etwas Olivenöl geträufelt; dann wurde der Teller mit Suppe aufgefüllt.
Heutzutage macht man sich schon eher die Mühe, die Brotscheiben in Olivenöl zu rösten, was jedoch den Nachteil hat, daß der fruchtige Geschmack des kalten Olivenöls zum Teil verlorengeht. Aus diesem Grund röste ich meine Croutons meist im Backofen, beträufle sie, wenn sie ganz kross sind, mit Olivenöl und lasse sie dann auf der Suppe schwimmen.

Soupe de pois chiches aux épinards
Kichererbsensuppe mit Spinat

Auf die Frage, warum gerade Spinat zu den Kichererbsen, bekommt man stets die Antwort: »So hat es meine Mutter schon gemacht und meine Großmutter und meine Urgroßmutter...« Bei *Marius Morard* heißt es, man solle die *Pese pounchu*, die Kichererbsen, mit einer Handvoll Mehl über Nacht in dem Wasser einweichen, in dem man zuvor Spinat gekocht hat, und dieses Wasser danach auch zum Kochen der Kichererbsen verwenden. Ob die Erbsen danach leichter zu verdauen sind oder ob der Geschmack verbessert wird, bleibt ungeklärt. Einig sind sich die befragten Köchinnen auch nicht darüber, ob nun der Spinat mit der Suppe oder getrennt serviert werden soll, und ob die Erbsen ganz bleiben oder passiert werden sollen. Wie dem auch sei, ich nehme

Für 6 Personen:
1 1/2 Liter Wasser
3 Tassen Kichererbsen (ca. 400 Gramm)
1 Zwiebel
4 Knoblauchzehen
3 Eßlöffel Olivenöl
200 Gramm Spinat
Pfeffer, Salz

Kichererbsen am Vorabend mit etwas Natron (Bikarbonat) im Wasser einweichen.
Zwiebel und Knoblauch kleinhacken und in Olivenöl andünsten. Die Kichererbsen dazugeben und mit dem Wasser auffüllen. Das Ganze zum Kochen bringen, Spinat hinzufügen, garkochen.
Den Spinat herausnehmen und warmhalten. Die Kichererbsen mit ihrer Brühe passieren. Mit Croutons, danach den Spinat, mit Spiegeleiern, servieren.

Ourteto
Kräutersuppe

Für 6 Personen:
1 1/2 Liter Wasser
150 Gramm Spinat
150 Gramm junge Brennesseln
100 Gramm Sauerampfer
150 Gramm Sellerieblätter (Bleichsellerie), eventuell auch Kresse, Petersilie, Kopfsalat, Lauch etc.
2 Zwiebeln
3 Knoblauchzehen
Pfeffer, Salz
Brot, Olivenöl
3–6 Eier

Die Kräuter bzw. das Grünzeug aus dem »Ourteto«, dem kleinen Gemüsegarten, waschen und samt Zwiebeln und Knoblauch grob zerhacken. In 1 1/2 Liter Wasser 25 Minuten kochen. Abschmecken. Dünngeschnittene Brotscheiben mit Olivenöl beträufeln. In einer Suppenschüssel die Eier mit etwas Sud aufquirlen. Wenn die Mischung dickflüssiger wird, das olivenölgetränkte Brot hinzugeben und mit der restlichen Suppe übergießen.
Man kann die Eier auch im Suppenteller mit der heißen Suppe übergießen und verrühren und die mit Olivenöl beträufelten Croutons auf die Suppe geben.

Soupe de courge
Kürbissuppe

Für 8 Personen:
1 1/2 Liter Wasser
8 Scheiben vom Kürbis (2 Kilo)
500 Gramm Kartoffeln
1 Stange Lauch
1/2 Liter Milch
Pfeffer, Salz

Kürbisscheiben, Kartoffeln und Lauch in kleine Stücke schneiden und in wenig Wasser kochen. Das Gemüse pürieren und einen Teil des Suds dazugeben. Die Milch zum Kochen bringen und unterrühren. Abschmecken.
Kürbissuppe kann man sehr wirkungsvoll im ausgehöhlten Kürbis servieren.

Variante:
Soupe de coucourde aux haricots blancs
Kürbissuppe mit dicken Bohnen
Die Kartoffeln, die lediglich die Suppe sämig machen sollen, werden hier durch frische Bohnenkerne ersetzt, was den Geschmack nur leicht verändert. Ansonsten bleibt die Zubereitung die gleiche.

L'aigo boulido »Gekochtes Wasser« Knoblauch-Salbei-Brühe

»L'Oulo canto sus lou fiò:
Oh! la bono aigo-boulido!
Entre li dous grand cafiò
Lando, lando, regalido!
Nòsti gènt vènon, dina,
Arrena.
Un brout de sàuvi dins l'oulo
Reviscoulo
Lou crestian,
Li roubuste
Coume es juste
Fau que pescon i gros tian.
Adusès, emé l'òuliero
La cuiero
Pèr trempa li lesco d'or.
A la soupo, de bon cor,
Sènso touaio ni servieto
Zóu! tiras, pichoun e grand (...)

Der Topft singt auf dem Feuer: / Oh, die gute Aigo boulido! / Zwischen den beiden Kaminböcken / Brenne hell, fröhliches Feuer! / Unsere Leute kommen erschöpft / zum Essen. / Mit einem Zweig Salbei im Topf / wird der Christenmensch wieder munter. / Die Kräftigen, / das ist ihr gutes Recht, / müssen aus großen Töpfen schöpfen. / Mit der Ölflasche bringt / den Löffel, / um die goldenen Brotscheiben einzutunken. / Auf, fröhlich zur Suppe, / ohne Tischdecke und ohne Servietten, / genießt es, groß und klein (...)
So *Frédéric Mistrals* Hymne an das »gekochte Wasser«, wobei er dem hungrigen männlichen Leser auch noch verspricht, daß er von munteren Frauen bedient wird, die sich nicht zu ihm an den Tisch setzen, sondern demütigst im Stehen ihren Teller Suppe essen werden.

Je länger man sich mit diesem offenbar uralten provençalischen Gericht beschäftigt, desto deutlicher wird, daß fast jede Familie ihr eigenes Rezept hat. Das Verbindende daran mag wohl der Satz sein, mit dem *Marius Morard* in seinem provençalischen Kochbuch von 1886 das Suppenkapitel einleitet:
»L'aigo boulido sàuvo la vido« – »Gekochtes Wasser rettet das Leben«.
»So lautet eine volkstümliche Redewendung, die sich auf diese Suppe alter Tradition bezieht, welche wir den Galliern, unseren Vorfahren, zu verdanken haben«, erklärte er. Und weiter: »Deshalb glaube ich, richtig zu handeln, indem ich sie zu Beginn dieses Kapitels anführe, um unsere Generation an den Gebrauch zu erinnern, den unsere Väter davon machten; und ich zögere nicht, ihn auch den Müttern für ihre Säuglinge aufs wärmste zu empfehlen.«
Forschen wir zunächst nach den Motiven, die den Namen dieser Suppe rechtfertigen: Durch ihre medizinischen Eigenschaften, deren wesentlicher Wirkstoff der Salbei ist, stellt sie den Appetit wieder her, belebt die Sinne, beugt Leberkrankheiten vor. In einem Wort: Sie ist zugleich stärkend, anregend und krampflösend.
Ich stütze mich auf das Beispiel eines Arztes, welcher zweimal am Tag davon aß und es nie versäumte, diese Suppe beim Küchenchef zu bestellen, sobald er in ein Hotel kam. Sie sollte, so sagte er, die Nahrung aller Kleinkinder sein. Das ›gekochte Wasser‹ wird also mit Salbei, Knoblauch und Lorbeer gewürzt.«
Es folgt das Grundrezept für Kleinkinder und das nur leicht veränderte Rezept für Erwachsene. Der einzige Unterschied besteht darin, daß für die Erwachsenen zusätzlich mit etwas Pfeffer gewürzt wird und daß »kleingeschnittener anstatt geriebener Hartkäse« hineingegeben wird.

Das folgende Rezept stammt von meiner Nachbarin Eliane bzw. ihrer Mutter oder Großmutter…

Für 6 Personen:
1 ½ Liter Wasser
12 Knoblauchzehen
2 Lorbeerblätter
2 Salbeizweige
Salz
6 Scheiben Weißbrot
Olivenöl
6 Eigelb
100 Gramm Hartkäse

Die Knoblauchzehen im Mörser grob zerdrücken und mit den Lorbeerblättern im Salzwasser etwa 20 Minuten kochen. Die Salbeizweige nur kurz mitkochen lassen, da die Brühe sonst leicht bitter schmeckt. Mit Salz abschmecken.

In jeden Teller eine Scheibe Weißbrot legen, mit etwas Olivenöl begießen. Ein Eigelb dazugeben. Die heiße Brühe darübergießen. Mit etwas Hartkäse, gerieben oder in schmale Streifen geschnitten, bestreuen.

Selbstverständlich können auch Thymian oder Rosmarin im Sud mitgekocht werden. Hauptgewürze bleiben jedoch Salbei und Knoblauch.

Ich kenne niemanden, der diese Suppe wie Morards Arzt jeden Tag ißt. Wir haben zwar festgestellt: »L'aigo boulido sàuvo la vido«, aber weiter heißt es: »Au bout d'un tèms, tuio li gènt« – »Nach einer Weile bringt es die Leute um!« Nichtsdestotrotz erklärt nach einem schweren, üppigen Festmahl jeder Provençale, daß sein nächstes Essen ausschließlich aus Aigo boulido bestehen werde, schon wegen des sich wohltuend auf die Verdauung auswirkenden Salbeis. Allerdings wurde mir nach einem achtgängigen Sonntagsessen auch schon hausgemachter Salbeilikör angeboten – was im Notfall schneller wirken dürfte!

La soupe au pistou
Gemüsesuppe mit Basilikumpaste

Jeder Provence-Liebhaber, jeder Koch aus Leidenschaft, jeder überzeugte Gourmet, der die – merkwürdigerweise weitverbreitete – Meinung vertritt, *Soupe au pistou* sei eine Basilikum-Suppe, disqualifiziert sich selbst zum Möchtegern-Provençalen. Das Wort »pistou« kommt vom Provençalischen »pista« bzw. dem Altfranzösischen »pister«. Dieses Verb bedeutet »zerdrükken«, »zermalmen«, und zwar mit dem Stößel im Mörser, und es verweist auf die letzte Phase in der Zubereitung dieser Suppe: wenn nämlich Knoblauch, Basilikum, Olivenöl und geriebener Käse im Mörser zu einer Paste verarbeitet werden, die zum Schluß in die Gemüsesuppe gerührt wird.

Für 8–10 Personen:
ca. 2 1/2 Liter Wasser
1 Stange Lauch
3–4 Karotten
50 Gramm Sellerie
1–2 Navets (weiße Rüben)
250 Gramm Zucchini
250 Gramm Tomaten
250 Gramm Kartoffeln
Pfeffer, Salz
250 Gramm grüne Bohnen
250 Gramm frische dicke Bohnen oder Feuerbohnen
1 Zwiebel
1 Gewürznelke
1 Bouquet garni
100 Gramm Vermicelles (Suppennudeln)
Le pistou: (Rezept siehe Seite 34)
5 Knoblauchzehen
1 Handvoll Basilikumblätter
100 Gramm geriebener Käse (z. B. Parmesan)
1 Tasse Olivenöl

Christiane beim Zubereiten eines Pistou

Die ausgeschoteten Hülsenfrüchte mit der Zwiebel, der Gewürznelke und dem Bouquet garni in einem großen Topf im Wasser 20 Minuten nicht allzu heftig kochen.
In der Zwischenzeit alles andere Gemüse waschen und schälen (auch die Tomaten, nicht aber die Zucchini schälen), in kleine Stücke bzw. Würfel schneiden und in den Topf zu den Hülsenfrüchten geben. Würzen. Etwa 15 Minuten kochen lassen. Vermicelles hinzufügen und nochmals 10 bis 15 Minuten kochen.
Inzwischen wird der Pistou zubereitet.

Die fertige Suppe wird im Teller mit Pistou verrührt.

EPEAUTRE
10 Kgs.
EPEAUTRE
10 Kgs.

Soupe d'épeautre
Dinkelsuppe

Epeautre ist eine alte Weizenart, die lange Zeit nahezu in Vergessenheit geraten war, deren Anbau jedoch seit einigen Jahren wieder stark zugenommen hat, vor allem in den eher gebirgigen, ansonsten nicht sehr fruchtbaren Gebieten der Provence.

Für 8 Personen:
2 Liter Wasser
750 Gramm Lammfleisch (Schulter oder Hals)
1 Zwiebel
3 Gewürznelken
1 Knoblauchzehe
1 Stange Lauch
2 Stengel Staudensellerie
250 Gramm Karotten
2–3 Navets (weiße Rüben)
300 Gramm Dinkel
1 Lorbeerblatt, 1 Thymianzweig
Salz, Pfeffer, Olivenöl

Das Lammfleisch in kaltes Wasser legen und zum Kochen bringen. Salzen. Schaum abschöpfen. Die mit Gewürznelken gespickte Zwiebel, die Knoblauchzehe, den Lauch, den Sellerie, die Karotten, die Rübchen (grob zerkleinert) und den Dinkel hinzufügen. Lorbeerblatt und Thymian einlegen und würzen. Die Hitze zurücknehmen und sehr langsam (2 bis 3 Stunden) garen. Fleisch und Gemüse herausnehmen (separat, nach der Suppe servieren), etwas Olivenöl in die Suppe rühren.
Als mein alter Freund *Marc* aus Saint-Martin-de-Castillon erfuhr, daß ich Dinkelsuppe mit Lamm koche, nannte er mich eine Verräterin. Früher bereitete man sie in der Tat meist – ausschließlich, sagt Marc – mit einer groben, hausgemachten Schweinswurst, *le missoun,* zu. Missoun gibt es auch heute noch bei traditionsbewußten Metzgern zu kaufen. Übrigens habe ich Dinkelsuppe auch schon mit *Petit salé,* mit durchwachsenem Speck, gemacht, was laut Marc natürlich gleichermaßen eine Häresie ist.

Soupe de lentilles
Linsensuppe

Für 6 Personen:
1 $^{1}/_{2}$ Liter Wasser
500 Gramm Linsen
2–3 Karotten
1 Stange Lauch
1 mittelgroße Zwiebel
4–5 Knoblauchzehen
1 Gewürznelke
1 Lorbeerblatt
Salz, Pfeffer
3 Eßlöffel Olivenöl
2 Dutzend Croutons

Die Linsen sorgfältig verlesen und in einem großen Topf mit viel Wasser etwa 45 Minuten lang kochen. In der Zwischenzeit die Karotten, den Lauch, die Zwiebel und den Knoblauch schälen. Karotten und Lauch in dünne Scheiben schneiden, die Gewürznelke in die Zwiebel stecken.
Linsen abgießen. Frisches Wasser zum Kochen bringen, die vorgekochten Linsen samt Gemüse, Gewürzen, Pfeffer und Salz hineingeben. Etwa eine Stunde lang bei mittlerer Hitze köcheln lassen. Danach die Linsen leicht pürieren und das Olivenöl unterrühren. Nochmals kurz aufkochen lassen und eventuell nachwürzen. Mit frisch gerösteten Croutons servieren.
Linsensuppe schmeckt aufgewärmt noch besser.

Soupe de favouilles
Krebssuppe

Für 8 Personen:
2 Liter Wasser:
750 Gramm Favouilles (ein gutes Dutzend kleine Krebse)
3 Knoblauchzehen
1 Zwiebel
2–3 Stangen Lauch (nur das Weiße)
Olivenöl
2–3 Tomaten oder 8 Eßlöffel Tomatencoulis (siehe Seite 32)
1 Lorbeerblatt
1 Fenchelzweig
Pfeffer, Salz
1 Gramm Safran
150 Gramm Suppennudeln

Die lebenden Krebse werden sorgfältig gewaschen und mit Küchenkrepp getrocknet.
Zwiebel, Knoblauch und Lauch kleinschneiden und in Olivenöl andünsten. Die geschälten Tomaten oder den Coulis und alle Kräuter, abschließend die Krebse hinzufügen. Mit 2 Liter kochendem Wasser übergießen. Mit Pfeffer, Salz und Safran abschmecken. Etwa 25 Minuten kochen.
Die Krebse herausnehmen und warmstellen. Die Flüssigkeit mit dem Gemüse passieren und noch einmal zum Kochen bringen. Die Suppennudeln darin kochen.
Suppe und Krebse werden getrennt serviert.

Soupe de poissons de roche
Fischsuppe aus »Felsenfischen«

Für 8 Personen:
2 Liter Wasser
1 1/2 Kilo gemischte »Felsenfische«, wie man sie in Marseille am Hafen kaufen kann
1 Stange Lauch
2 Zwiebeln
Olivenöl
2 Tomaten
2 Knoblauchzehen
1 Fenchelzweig, 1 Lorbeerblatt
1 Prise Safran
100 Gramm Suppennudeln

Den fein geschnittenen Lauch und die klein zerhackten Zwiebeln in Olivenöl andünsten, die geschälten und geviertelten Tomaten hinzufügen, danach die im Mörser zerdrückten Knoblauchzehen, den Fenchel und das Lorbeerblatt. Mit 2 Litern Wasser übergießen, Pfeffer und Salz hinzufügen und zum Kochen bringen. Die Fische in den Sud geben und 15 bis 20 Minuten mehr ziehen als kochen lassen.
Im Mixer pürieren und durch ein feines Sieb passieren. Eine Prise Safran hinzufügen und das Ganze mit den Suppennudeln noch einmal 10 Minuten kochen.
Die Marseiller Fischsuppe wird mit geriebenem Käse serviert. Immer häufiger werden die Suppennudeln weggelassen. Statt dessen werden in Olivenöl geröstete und mit Knoblauch eingeriebene Croutons dazu serviert. Rouille, die sehr scharfe Mayonnaise, die zur Bouillabaisse gereicht wird, ist nur dann erforderlich, wenn die Suppe nicht schmackhaft genug ist, weil sie nicht alle erforderlichen Fischsorten enthält.

Poissons de roche sind jene Mittelmeerfische, die nahe der Küste auf felsigem Grund leben. Dazu gehören u. a. Rascasse (Drachenkopf), Barbue (Glattbutt), Dorade (Brasse), Saint-Pierre (Petersfisch), Congre (Meeraal), Demoiselle (Wasserjungfer), Gymnote (Zitteraal) und Girelle (Meerjunker). Als Suppenfisch werden, je nach Fang, alle Fische verkauft, die zu klein sind, um einzeln oder in der Bouillabaisse zubereitet zu werden.

Poissons de roche gibt es auf jedem Fischmarkt

ŒUFS FRAIS FERMIER
PRODUCTEUR
INTERDIT

Les salades

Ein Essen ohne Salat ist in der Provence fast undenkbar. Und wenn es nicht mit einer Suppe beginnt, dann gewiß mit einem Salat: Salat öffnet den Magen, regt den Appetit an; am Ende des Essens wäre er schwer verdaulich.
Zu jedem Salat gehört Knoblauch, aber auch hier sollte vor dem Irrglauben – je mehr Knoblauch, desto provençalischer – gewarnt werden. Oft begnügt man sich damit, die Schüssel auszureiben, vor allem, wenn das Risiko besteht, daß ein anderer, ein edlerer Duft, zum Beispiel der der Trüffel, überdeckt werden könnte. Zwiebeln und harte Eier werden nur für die Vinaigrette der *Craquante* (Romanasalat) verwendet.
»Beim Salatmachen muß derjenige, der das Salz streut, ein Weiser sein, derjenige, der den Essig ausgießt, ein Geizkragen, und derjenige, der das Öl ausgießt, ein Verschwender«, sagt ein alter provençalischer Spruch.
Und eine weitere, ganz wesentliche provençalische Regel besagt, daß der Salat, ehe er auf den Teller kommt, »müde« sein muß: »Fatiguer la salade« bedeutet ganz einfach, daß er ausgiebig gemischt werden muß. Denn:

»Carto, femo e ensalado
soun jamai trop boulegado« –

»Karten, Frauen und Salat können nicht müde genug sein.«

Salade aux truffes
Grüner Salat mit Trüffel

Auch heute noch, obwohl die Trüffel immer seltener und immer teurer wird, gehört zu einem festlichen Essen im Winter eine duftende *Salade aux truffes.*

Für 4 Personen:
1 Kopfsalat
1 Trüffel (je größer desto besser)
Salz, Pfeffer
Saft einer 1/2 Zitrone
Olivenöl
1 Knoblauchzehe

Salat waschen und trockenschleudern. Die Salatschüssel mit Knoblauch ausreiben. Trüffel bürsten, in hauchdünne kleine Scheiben schneiden und unter den Salat mischen.
Eine Sauce nur mit Salz, Pfeffer, Zitronensaft und Olivenöl rühren. Vorsicht: Sie muß so mild sein, daß der Duft der Trüffel auf keinen Fall unterdrückt, ja nicht einmal gestört wird. Der Knoblauchduft, sofern es nur ein Hauch ist, betont den Trüffelduft.
Die *Salade aux truffes* wird entweder nach der Vorspeise oder vor dem Käse serviert.

Mesclun oder Champanello
Gemischter »Feld«-Salat

Zuweilen bekommt man im Gemüseladen oder im Supermarkt *Mesclun* in der Plastiktüte angeboten: Der sprachkundige Käufer freut sich, denn er weiß, daß das provençalische Verb »mescla« mischen bedeutet, und in der Plastiktüte erkennt er Frisée, Kopfsalat, Batavia und Radicchio, alles fein säuberlich zerkleinert, sozusagen tellerfertig. Allerdings wird der wahre Mesclun-Freund eher frustriert sein von dieser Mischung, denn mit »Feldsalat« hat sie nichts zu tun. Aber leider werden auch hier in der Provence die kundigen Kräuterweiblein immer seltener, und kaum jemand kennt sie alle, die jungen Pflänzchen, die einen echten, knackigen, etwas bitteren *Mesclun* ausmachen: *La berlo* (wilder Sellerie), *lou cicori* (wilder Chicorée), *lou nastou* und *lou creissoun* (Kresse und Brunnenkresse), *le fenoui* (wilder Fenchel), *la lachugo-fero* (Lattich), *la cardello* (Karde), *la douceto* (Rapunzel), *la pimpinello* (Pimpinelle), *lou moure pourcin* (Löwenzahn), *la rouqueto* (Rauke), *la farnousello* (wilde Schwarzwurzel), *l'engreto* (Sauerampfer)... Sieben verschiedene sollten es sein, und wenn mir die Schäferin abends auf dem Heimweg schon mal drei oder vier mitbringt, bin ich selig.

Die Sauce zum *Mesclun* wird mit Weinessig, Olivenöl und viel Knoblauch gemacht, dazu Pfeffer und Salz.

◁ Salade Mesclun

Céleri à l'anchoïade
Sellerie in Sardellensauce

Abbildung Seite 30

Für 6 Personen:
3 Stauden Bleichsellerie (nur die inneren Stengel)
Anchoïade siehe Seite 31:
12 Sardellen
5 Knoblauchzehen
Weinessig
Olivenöl
Pfeffer, Salz

Die inneren Selleriestengel waschen und in etwa 8 cm lange Stücke schneiden. Mit Küchenkrepp trocknen.

Anchoïade und Selleriestücke werden getrennt serviert: Das Gemüse wird eingetunkt.

Daß dem Sellerie eine aphrodisische Wirkung zugeschrieben wird, ist weltweit bekannt. Die provençalischen Marktfrauen machen daraus ein Verkaufsargument und rufen: »Du céleri pour le petit mari!« – »Sellerie für den lieben Ehemann!« *René Jouveau*, der Mistral-Spezialist und Provence-Historiker, berichtet, daß in Arles der Ausdruck »Anas à l'àpi« – »zum Sellerie gehen«, schlicht und ergreifend bedeutet: das Freudenhaus besuchen – in Erinnerung an die Römer, die angeblich ihre entsprechenden Etablissements mit diesem Gemüse beschilderten. Die aus diesem Ausdruck abgeleiteten Wortspiele kann man sich denken...

Anchoïade wird nicht nur zu Sellerie angeboten. Auch als Sauce zu grünem Salat schmeckt sie hervorragend. Im Restaurant »Le Parc« in Fontaine de Vaucluse wird sie vor jedem Essen als Appetitanreger mit verschiedenen rohen Gemüsen angeboten, und zwar warm.

Salade de pois chiches
Kichererbsensalat

Für 6 Personen:
300 Gramm Kichererbsen
2 Zwiebeln
2 Knoblauchzehen (oder mehr)
Muskat
1 Messerspitze scharfer Senf
Pfeffer, Salz
1 Eßlöffel Essig
4 Eßlöffel Olivenöl
Petersilie oder Koriander oder Minze

Kichererbsen, 24 Stunden bevor sie zubereitet werden, in kaltes Wasser einweichen – dem man eventuell einen Teelöffel Natron beifügt, um sowohl das Weichkochen der Kichererbsen als auch die Verdauung zu erleichtern.
Wasser abgießen, Kichererbsen mit frischem Wasser abspülen. Eine gute Stunde in viel Wasser kochen. In einem Sieb abtropfen und abkühlen lassen. In einer großen Salatschüssel eine Vinaigrette aus den kleingehackten Zwiebeln und Knoblauchzehen, einem Hauch frisch geriebener Muskatnuß, Senf, Pfeffer, Salz, Essig und Öl zubereiten. Kichererbsen zufügen und vermischen; mit frisch gehackter Petersilie (oder frischem Koriander bzw. frischer Minze) bestreuen. Kalt servieren.

Salade de lentilles
Linsensalat

Das gleiche Rezept kann mit Linsen und sogar mit einer Mischung aus Kichererbsen und Linsen zubereitet werden.

Salade de tartifles aux truffes
Kartoffelsalat mit Trüffel

Für 6 Personen:
1 Kilo Kartoffeln (festkochend)
50 Gramm Trüffel (oder mehr)
1 Knoblauchzehe
Olivenöl
Pfeffer, Salz
Schnittlauch

Die Kartoffeln kochen (wie Pellkartoffeln), abkühlen lassen und pellen. In dünne Scheiben schneiden.
Die Salatschüssel mit der Knoblauchzehe ausreiben. Die Trüffel bürsten und entweder mit einem Trüffelhobel reiben oder in hauchdünne Scheibchen schneiden.
Kartoffel und Trüffel in der Salatschüssel mischen und eine Weile stehen lassen, damit der Trüffelduft durch die Kartoffeln zieht. Pfeffer und Salz dazugeben, mit Olivenöl übergießen, mit viel Schnittlauch bestreuen.
Ein ganz schlichtes, bäuerliches Winteressen...

Brunnen in Séguret ▷

Lou trouchados
Les omelettes

Un iou ès rèn,
Dous fan grand bèn,
Trés: se fait festo,
Quatre: un de resto,
Cinq: au plus fort,
Dounon la mort!«

»Ein Ei ist gar nichts,
Zwei Eier sind sehr gesund,
Bei dreien ist es ein Fest,
Bei vieren ist eines zu viel,
Fünf bringen selbst
Dem Kräftigsten den Tod!«

sagt der Volksmund. Eier sind nahrhaft und billig und auf dem Bauernhof immer vorhanden. Außerdem erfordert ein Omelett keinen großen Aufwand und keine besonderen Kochkünste. Man kann es warm, aber auch kalt essen, es also auch als Fertigmahlzeit mitnehmen aufs Feld, wenn die Arbeit einen daran hindert, mittags nach Hause zu gehen.
Das provençalische Omelett ist immer verhältnismäßig dick:
Für 6 bis 8 Eier verwendet man eine Eisenpfanne von etwa 24 cm Durchmesser. Im übrigen wird es nicht zusammengeklappt, wenn es zum Servieren bereit ist, sondern rund und flach auf dem irdenen *Vire-omelette,* einem der traditionellen Geräte der provençalischen Küche, auf den Tisch gebracht. Eine *Vire-omelette,* ein »Omelettumdreher«, ist eine fast flache, ganz leicht konisch zulaufende Platte – die Form ist die eines sehr flachen chinesischen Hutes –, an deren Spitze ein Griff angebracht ist. Damit wird das Omelett zunächst in der Pfanne umgedreht, später wird es darauf serviert.
Ein ganz einfaches Omelett ohne jegliche Zugabe von Gemüse, Kräutern oder Fleisch nennt man *Omelette blanche,* das weiße Omelett.
René Jouveau berichtet, daß das traditionelle Ostermontagsessen stets ein Omelett war, so daß der Ausdruck »faire l'omelette« – »das Omelett zubereiten« inzwischen ein Synonym für Ostermontagsessen geworden ist. Das Omelett mit Speckwürfeln wird übrigens nicht nur *crespèou,* sondern auch *pascado,* Osteromelett, genannt. *Crespèou* wird mittlerweile häufig (und irrtümlicherweise) als Synonym für Omelett verwendet, und zwar hauptsächlich von Feinkosthändlern, die kaltes, buntes, mehrstöckiges Omelett in Scheiben verkaufen. (Das kann man sehr leicht nachmachen, und im Picknick-Korb wirkt es sehr dekorativ!)

Lou crespèou
Omelette aux lardons
Omelett mit Speckwürfeln

Für 4 Personen:
8 Eier
150 Gramm durchwachsener Speck
4 Eßlöffel Olivenöl
Pfeffer, Salz

Schwarte vom Speck abschneiden. Speck in kleine Würfel schneiden und kurz in Olivenöl anbraten. Die Eier schlagen; Pfeffer und Salz hinzufügen. Über die Speckwürfel in die Pfanne geben. Bei starker Hitze braten und sehr vorsichtig rühren, bis das Ei anfängt, fest zu werden. Mit dem *Vire-omelette* umdrehen, andere Seite so lange braten, bis das Omelett die gewünschte Konsistenz hat. Die Provençalen lieben ihr Omelett »baveuse« – »sabbernd«, also sehr weich.

Vire-Omelettes auf dem Markt in Samernes

La meissouniero – Omelette des moissonneurs
Omelett mit Zwiebeln

Die *»meissounier«*, die Erntearbeiter, nahmen gewöhnlich dieses Omelett mit aufs Feld, daher sein Name.

Für 4 Personen:
8 Eier
500 Gramm Zwiebeln (junge weiße im Frühjahr)
6 Eßlöffel Olivenöl
Pfeffer, Salz

Die Zwiebeln müssen mindestens 1 Stunde, möglichst länger, in einer zugedeckten Pfanne in etwa 4 Eßlöffel Olivenöl gedünstet werden. Sie dürfen nur goldgelb, auf keinen Fall braun werden.
Die Eier schlagen, die Zwiebeln, die fast zu Mus geworden sind, unterrühren. In die Pfanne noch etwas Olivenöl geben und die Masse bei starker Hitze braten (s. Seite 55 Crespèou).

Omelette à la brousse
Omelett mit Frischkäse aus Schafsmilch

Für 4 Personen:
8 Eier
200 Gramm Frischkäse aus Schafsmilch
1 Bund Schnittlauch
6 Eßlöffel Milch
4 Eßlöffel Olivenöl
Pfeffer, Salz

Den Käse zerbröckeln und mit Pfeffer und Salz bestreuen. Den Schnittlauch waschen und schneiden.
Die Eier mit der Milch schlagen, Pfeffer und Salz dazugeben. Das Omelett braten: Wenn die Eier-Milch-Masse anfängt fest zu werden, Käse und Schnittlauch hinzufügen. Weiterbraten, bis es die erwünschte Konsistenz hat.

Elise beim Omelette-Drehen

La troucho de rabasso – Omelette aux truffes Trüffelomelett

Ein Glanzlicht der provençalischen Küche! Das Trüffelomelett gehört im Winter zu jedem festlicheren Essen. Mengenangaben zu machen, erübrigt sich: Je mehr Trüffel desto besser – für 4 Personen sollten es jedoch möglichst 50 Gramm sein.
Die Bauern hier in der Provence bewahren die Trüffel, die sie für den eigenen Verbrauch behalten, stets in einem geschlossenen Gefäß zusammen mit Eiern auf. Die Eier nehmen sogar durch die Schale hindurch den Duft der Trüffeln an, so daß man danach ein »sparsames« Trüffelomelett, nämlich eines ohne Trüffel, zubereiten kann. Und natürlich ein »echtes«. Wichtig ist, daß die Eier mindestens 1 Stunde vor dem Braten des Omeletts geschlagen und mit den in sehr feine Scheiben geschnittenen Trüffeln gemischt werden: Je stärker die Eier den Duft der Trüffel annehmen, desto köstlicher ist das Ergebnis. Ein (sehr kleiner) Schuß Madeira trägt ebenfalls dazu bei, den Trüffelduft zu intensivieren. Das Ganze – natürlich – in Olivenöl braten.
Ein Trüffelomelett muß stets »baveuse«, »sabbernd« sein. Das beste, cremigste Omelette aux truffes der ganzen Provence gab es einst bei *Léa* in der *Auberge des Lavandes* in Lagarde d'Apt. Nachdem sie ihre Auberge mit weit über 80 Jahren schloß, verriet sie mir ihr Geheimnis: Bevor sie das Omelett brät, gibt sie in das geschlagene Ei mit den Trüffeln ein gutes Dutzend fester Butterflocken, die erst während des Bratens im Omelett schmelzen. Gute Léa – wir sind einige hier, die ihre Küche vermissen!

Lou gagamèou – Omelette aux pommes d'amour Tomatenomelett

Für 4 Personen:
8 Eier
400 Gramm Tomaten
50 Gramm Zwiebeln
1 Knoblauchzehe
3 Petersilienzweige
6 Eßlöffel Olivenöl
Pfeffer, Salz

Tomaten waschen, enthäuten, entkernen und in kleine Stücke schneiden. Die Zwiebel kleinhakken und in etwas Olivenöl andünsten.
Petersilie kleinhacken, den Knoblauch im Mörser oder der Knoblauchpresse zerdrücken. Tomaten, Knoblauch, Petersilie sowie Pfeffer und Salz zu den Zwiebeln geben und so lange dünsten, bis das Gemüse kein Wasser mehr zieht und zu einem Mus geworden ist.
Eier schlagen, mit dem Tomatenmus mischen und das Omelett wie üblich braten.

La troucho d'espinarc – Omelette aux épinards Spinatomelett

Für 4 Personen:
8 Eier
500 Gramm Spinat
6 Eßlöffel Olivenöl
2 Knoblauchzehen
3 Petersilienzweige
2 Basilikumzweige
50 Gramm geriebener Hartkäse
Pfeffer, Salz

Spinat waschen, blanchieren, abtropfen und grob zerhacken. Olivenöl in der Pfanne erhitzen und den Spinat darin andünsten.
Knoblauch, Petersilie und Basilikum kleinhacken. Die Eier schlagen und alle Zutaten, auch den angedünsteten Spinat, untermengen. Das Omelett – es sollte ziemlich dick sein – wie üblich braten.

Omelette aux artichauts Artischockenomelett

Für 4 Personen:
8 Eier
5 kleine, sehr junge violette Artischocken
4 Eßlöffel Olivenöl
Pfeffer, Salz

Die jungen Artischocken waschen, sorgfältig putzen und in dünne Scheiben schneiden. In etwas Olivenöl bei mäßiger Hitze 30 Minuten dünsten.
Eier schlagen, Pfeffer und Salz hinzufügen. In die Pfanne zu den Artischocken geben und braten.

Lou bajan

Gemüsegerichte

»Di bajano,
Di merinjano
Qu'embausemo l'oli d'oulivié,
Osco seguro
N'auras rancouro
E dou bon vin que toun paire bevié«
Frédéric Mistral
»Rodo que roudaras, au rode tournaras«
(Olivades)

»Den Gemüseeintöpfen, / den Auberginen, / die vom Öl des Olivenbaums duften, / wirst du nachtrauern, / dessen kannst du gewiß sein, / und auch dem guten Wein, den dein Vater trank.«

Aus: »Streune herum, soviel du willst, in die Heimat wirst du zurückkommen« aus dem Zyklus »Olivades«

◁ Die Spargelfelder des 21. Jahrhunderts?

Asperges vinaigrette
Spargel, vinaigrette

Für 6 Personen:
3 Kilo Spargel
Salz, Butter, Zucker

Den Spargel waschen und sehr sorgfältig schälen. 20 Minuten im Salzwasser mit einer Prise Zucker und etwas Butter kochen. Damit der Spargel kein überflüssiges Wasser behält und warm bleibt, ihn in einer weißen Serviette auf einer vorgewärmten Platte servieren.

In der Zwischenzeit eine Vinaigrette (Rezept siehe Seite 30) zubereiten mit allen Kräutern, die man mag oder zur Verfügung hat.

Spargel wird in der Provence auch mit einem Aïoli serviert oder aber »à la coque«, das heißt mit einem weich gekochten Ei, das wie ein Frühstücksei geköpft wird. Der Spargel wird in das Ei getunkt.

Gâteaux d'asperges
Kleine Spargelkuchen

Für 6 Personen:
1 1/2 Kilo Spargel
5 Eier
Pfeffer, Salz
Muskat, Petersilie, Basilikum

»Tonton« Julien beim Spargelbündeln

Den Spargel waschen und schälen. In Salzwasser etwa 35 Minuten (also durchaus länger als die normale Kochzeit) kochen. Nach 15 Minuten Kochzeit 12 Spargelspitzen abschneiden und beiseite legen. Die restlichen Spargel weiterkochen. Den Spargel abtropfen lassen und im Mixer sehr fein pürieren.
Die Masse in einen Topf geben und unter ständigem Rühren bei mäßiger Hitze um etwa ein Drittel einkochen. Etwas abkühlen lassen. 3 ganze Eier und 2 Eigelb mit dem Schneebesen in die Masse rühren. Salz, Pfeffer und eine Prise Muskat hinzufügen. Kleine Auflaufförmchen (Gratinförmchen) mit Butter einfetten und mit der Spargelmasse füllen. Bei 180 Grad 1 Stunde im Wasserbad im Ofen garen. Falls die Oberfläche dunkel wird, mit Alufolie abdecken.
Die kleinen Küchlein stürzen und mit den Spargelspitzen, der gehackten Petersilie und dem Basilikum dekorieren. Sie können auf bunt gemischtem Salat serviert oder mit einem Spargelcoulis überzogen werden.
Dies ist gewiß kein altes provençalisches Gericht. Doch so oder zumindest so ähnlich habe ich es zweimal in der *»Escargotière«* in Cabrières d'Avignon gegessen und danach mehrfach mit Erfolg nachgekocht.

Le fricot d'artichauts
Artischockenschmortopf

Zu einem *Fricot d'artichauts* kann man nur die sehr kleinen, ganz jungen, spitzen, violetten Artischocken aus der Provence verwenden, die es bereits im Januar in dicken Sträußen auf den Märkten zu kaufen gibt. Nichts gegen die kugelrunden grünen Riesenartischocken aus der Bretagne, aber für einen *Fricot* taugen sie nichts! Im übrigen verwendet man häufig die schwarz gewordenen Artischocken, die etwas Frost bekommen haben, denn ansonsten wäre dieses Gericht eher teuer.

Für 4 Personen:
16 junge, violette Artischocken
1–2 Zitronen
4–6 kleine, junge Zwiebeln
4 Knoblauchzehen
3 Eßlöffel Olivenöl
200 Gramm durchwachsener Speck (gesalzen)
Pfeffer, Salz
1 Zweig Thymian
1 Lorbeerblatt
3 eingemachte Tomaten oder 1 Glas Coulis (siehe Seite 32)
2–3 Blätter Kopfsalat

Wie so häufig besteht auch bei diesem Gericht die Kunst vor allem darin, das Gemüse richtig, das heißt, nicht zu sparsam, zu putzen: Je jünger die Artischocken, desto weniger Abfall. Die Blätter mindestens zur Hälfte, und zwar konisch zugespitzt, abschneiden. Die einzelnen Artischokken vierteilen: Beim Aufschneiden erkennt man, ob schon »Heu« vorhanden ist, wenn ja, muß es unbedingt herausgeschnitten werden. Die einzelnen Artischockenstücke sofort in Zitronen- oder Essigwasser legen, sonst werden sie braun – was auch mit den Fingern geschieht!
Die grob zerhackten Zwiebeln und Knoblauchzehen in einem gußeisernen Topf (Schmortopf) in Olivenöl anbraten. Den in Würfel geschnittenen Speck zufügen, leicht anbräunen. Die Artischockenstücke dazugeben, anbraten, dann die Hitze zurücknehmen. Pfeffer, Salz, Lorbeerblatt und Thymian in den Topf geben, einen Schuß Wasser (oder trockenen Weißwein) und die eingemachten Tomaten hinzufügen und kräftig umrühren. Das Ganze mit zwei oder drei Blättern vom Kopfsalat zudecken und 2 Stunden schmoren lassen.

Le fricot d'asperges
Spargelschmortopf

Für 4 Personen:
- 1,5 Kilo Spargelspitzen
- 2–3 weiße Zwiebeln
- 2–3 Knoblauchzehen
- Olivenöl
- 250 Gramm durchwachsener Speck
- Pfeffer, Salz
- 1 Prise Zucker
- 1 Glas trockener Weißwein oder Saft
- 1/2 Zitrone
- Petersilie

Zwiebeln und Knoblauch kleinhacken und in einer gußeisernen Pfanne oder einem *Tian* in Olivenöl anschmoren. Danach den in kleine Scheiben oder in Würfel geschnittenen Speck zugeben und anbraten. Die Hitze stark zurücknehmen und die geschälten Spargelspitzen (ganze Spargelstangen in etwa 5 cm lange Stücke schneiden) in den Topf geben, vorsichtig salzen und pfeffern und mit einer Prise Zucker abrunden. Bei geschlossenem Deckel und mäßiger Hitze das Gericht 1 1/2 bis 2 Stunden sanft schmoren. Dabei zerfällt der Spargel nicht.
Zum Schluß Zitronensaft oder Weißwein und die gehackte Petersilie hinzufügen.

Da bei dieser Art der Zubereitung sämtliche Bitterstoffe des Spargels erhalten bleiben, kann man, je nach Lust und Laune bzw. Geschmack, andere Gemüsesorten mitverarbeiten, die diese Bitterstoffe etwas neutralisieren. Am besten eignen sich Karotten (etwa 2 bis 3 für die angegebene Menge Spargel) oder junge Erbsen (etwa 500 Gramm). Auch eine kleine Zucchini läßt sich gut mit diesem Gericht verbinden. Farblich besonders effektvoll und geschmacklich raffiniert ist übrigens die Kombination von grünem, weißem und violettem Spargel.

Berigoulo ist die provençalische Bezeichnung für die Gattung der Lamellenpilze. »Artischocken, wie Pilze zubereitet«, wäre also die korrekte Bezeichnung dieses Klassikers der provençalischen Küche.

Artichauts à la barigoule
Artischocken à la barigoule

Wichtig bei dieser Köstlichkeit ist, daß tatsächlich *Artichauts de Provence*, also sehr kleine, junge Artischocken mit lila Spitzen verwendet werden.

Für 6 Personen:
18 junge Artischocken
1 Zitrone
2 Zwiebeln
2 Karotten
2 Tomaten
0,2 Liter trockener Weißwein
2 Knoblauchzehen
1 Lorbeerblatt
1 Thymianzweig

Die unteren Blätter der Artischocke und den Stiel entfernen und die Spitzen der restlichen Blätter tief abschneiden. Die Schnittflächen mit Zitronensaft einreiben oder die ganze Artischocke in Zitronenwasser tauchen, um zu vermeiden, daß das Fleisch braun wird.
Den Boden eines *Poêlon d'Aubagne** (ein feuerfestes, irdenes Gefäß mit Stiel, so fordern es die alten Rezepte) mit Olivenöl bedecken, die zerhackten Zwiebeln, die kleingeschnittenen Karotten und die geschälten, grob zerschnittenen Tomaten hineinlegen; die Artischocken vierteln und hinzufügen. Mit Olivenöl übergießen und anbraten. Umrühren und, sobald die Artischocken ein wenig goldbraun werden, mit Weißwein und etwas Wasser übergießen, Knoblauch und Gewürze hinzufügen und langsam bei geschlossenem Deckel (wegen der Verdunstung einen mit Wasser gefüllten Teller als Deckel benutzen) etwa zwei Stunden garen. Abschmecken. Mit der Gemüseunterlage sehr heiß servieren.

* siehe Glossar

In seiner *Cuisine provençale de tradition populaire* erwähnt *René Jouveau Le Cuisinier Durand*, ein Kochbuch aus dem Jahr 1830, in dem ein sehr viel einfacheres Rezept angeboten wird: Die Artischokken werden ganz einfach auf dem Feuer gegrillt, zunächst mit den Blättern nach unten, dann umgekehrt. Während dieser zweiten Phase werden die Artischocken mit Pfeffer und Salz bestreut und mit Olivenöl übergossen. Wenn sie gar sind, bekommen sie auf dem Teller noch einmal einen Schuß Olivenöl.

Beignets de fleurs de courgettes
Gebackene Courgettesblüten

Als Vorspeise rechnet man 4, maximal 5 Blüten pro Person.

Für den Teig:
150 Gramm Mehl
2 Eier
1 Prise Salz
1/4 Liter Milch
Mineralwasser mit Kohlensäure oder Bier
Olivenöl zum Ausbacken

Mehl, Eier und Salz in eine Schüssel geben und mit dem Rührgerät allmählich die Milch und nur soviel Mineralwasser (oder Bier) unterrühren, daß der Teig noch verhältnismäßig dickflüssig ist. (Crêpe-Teig würde von den Blüten abtropfen.) Den fertigen Teig eine Stunde ruhen lassen. Die Blüten in den Teig tauchen und in einer großen Pfanne oder Friteuse in sehr heißem Olivenöl 4 bis 5 Minuten backen. Man sollte nicht zu viele auf einmal bakken, damit sie nicht aneinander kleben. Die fertigen Beignets im Ofen warmhalten. Frisch und knusprig aus der Pfanne schmecken sie allerdings am besten.

Fleurs de courgettes farcies
Gefüllte Courgettesblüten

Für 6 Personen:
24 Zucchini-Blüten
2 Scheiben Weißbrot ohne Kruste
1 Glas Milch
50 Gramm Reis
Olivenöl
2 kleine Zwiebeln
1 kleine Zucchini
1 Bund Petersilie oder 1 Thymianzweig
1 Knoblauchzehe
1 Ei
Pfeffer, Salz

Das Weißbrot in der lauwarmen Milch einweichen. Den Reis vorkochen. Die Courgettesblüten ganz kurz, wenige Sekunden nur, blanchieren.
Die kleingehackten Zwiebeln und die in kleine Würfel geschnittene Zucchini in Olivenöl anbraten und 15 Minuten dünsten.
Petersilie und Knoblauch klein hacken (oder Thymian abrebeln). Das eingeweichte Brot ausdrücken. In einer Schüssel Reis, Zwiebeln, Zucchini, Brot, Knoblauch, Petersilie und Ei mischen. Gut verrühren, abschmecken.
Die Zucchini-Blüten mit dieser Masse füllen und durch eine Drehung der Blütenblätter schließen. In eine feuerfeste, mit Olivenöl eingefettete Form legen und 15 bis 20 Minuten bei mittlerer Hitze, etwa 170 Grad, im Ofen backen.
Sehr heiß als Vorspeise servieren.

Eine Füllung mit Hackfleisch oder kleinen Speckwürfeln ist zwar möglich, erscheint mir aber in der Kombination mit den geschmacklich äußerst zarten Zucchiniblüten zu kräftig. Auch allzu kräftige Kräuter, wie z. B. Salbei, sollten vermieden werden. Dill in nicht allzu großen Mengen eignet sich vorzüglich, wenngleich er in der Provence nur sehr selten angeboten und häufig mit Fenchelkraut verwechselt wird.

Courgettesblüten werden selbst in der Provence auf den Märkten nur äußerst selten angeboten. Die sicherste Bezugsquelle ist die direkte: nämlich der Bauer, der Zucchini zum Verkauf anbaut. Wenn ich Freunde mit gebackenen oder gefüllten Zucchiniblüten erfreuen möchte – es müssen sehr liebe Freunde sein! –, fahre ich nach Eyguières bei Salon-de-Provence und gehe bei *Madame Inguimbert* übers Feld oder, je nach Jahreszeit, durch das Gewächshaus und pflücke mir einen schönen Strauß dieser gelben Blüten. Von Madame Inguimbert stammt auch dieses Rezept.

La sauce d'épinards
Spinatsauce

Ein bäuerliches Essen par excellence, das sehr zu Unrecht in Vergessenheit geraten ist oder nur noch von den Großmüttern zubereitet wird.

Für 4 Personen:
1 Kilo Spinat
5 Knoblauchzehen
1 Bund Petersilie
Olivenöl
2 Eßlöffel Mehl
1/4 Liter Milch
1 Lorbeerblatt
Pfeffer, Salz
100 Gramm geriebener Käse
4 Eier, hart gekocht
150 Gramm schwarze Oliven

Und wenn's ein kleines Festessen werden soll:

1 Kilo Miesmuscheln oder Venusmuscheln

Den Spinat waschen und kurz blanchieren, dann kleinhacken. Knoblauch und Petersilie ebenfalls kleinhacken. In einer Sauteuse mit etwa 4 Eßlöffel Olivenöl anschmoren. Das Mehl unterrühren und weiterdünsten. Nach etwa 5 Minuten die Milch unter kräftigem Rühren beimengen. (Man verfährt im Grunde wie bei einer Béchamel-Sauce, die Konsistenz der Spinat-Sauce soll auch ähnlich sein.) Lorbeerblatt, Salz und Pfeffer hinzufügen und bei schwacher Hitze langsam kochen. Am Ende der Garzeit (nach etwa 30 Minuten) den geriebenen Käse unterrühren. Diese Sauce wird mit halbierten hartgekochten Eiern – Schnittfläche nach oben – serviert, was farblich äußerst malerisch wirkt. Dazu reicht man schwarze Oliven.
Wer Muscheln mag, gibt die sorgfältig gereinigten Mies- oder Venusmuscheln wenige Minuten in einen kochenden Sud (aus Wasser, etwas Weißwein, Zwiebel, Knoblauch, Bouquet garni, Pfeffer, Salz). Abtropfen lassen, Schalen entfernen. Die Muscheln mit den schwarzen Oliven nach Abschluß der Garzeit in die Spinatsauce geben.

Le tian d'épinards
Spinatgratin

Für 4 Personen:
1 Kilo Spinat
2 Eßlöffel Mehl
2 Knoblauchzehen
1 Bund Petersilie
Pfeffer, Salz
1/2 Glas Milch oder trockener Weißwein
3 Eßlöffel Olivenöl
Weißbrotbrösel

Den Spinat sorgfältig waschen, ganz kurz blanchieren (2 Minuten) und kleinhacken. In einem Tuch ausdrücken, um möglichst viel Wasser zu entfernen. Den gehackten Spinat in einer Schüssel mit Mehl, feingehacktem Knoblauch und Petersilie, Pfeffer, Salz, Milch (oder Weißwein) und Öl sorgfältig mischen.
Den *Tian* mit Olivenöl ausstreichen, die Spinatmischung einfüllen und glätten, mit Bröseln bestreuen, etwas Olivenöl darübergießen. In den Ofen schieben und 2 Stunden bei schwacher Hitze (140–150 Grad) garen.

Le tian de courgettes
Courgettes-Auflauf

Für 6 Personen:
- 1 Kilo möglichst kleine Courgettes
- 2 mittelgroße Zwiebeln
- 2–4 Knoblauchzehen, je nach Größe oder Geschmack
- 3–4 Eßlöffel Olivenöl
- Salz, Pfeffer
- frisches Basilikum
- 3 Eier
- 1/4 Liter Milch
- evtl. 3 Eßlöffel Crème fraîche
- 100 Gramm geriebener Hartkäse (Parmesan)

Die Courgettes waschen und ungeschält in gleichmäßige, etwa 3 mm dicke Scheiben schneiden. Salzen und eine halbe Stunde Wasser ziehen lassen. Mit Küchenkrepp abtupfen. Zwiebeln und Knoblauch schälen und kleinhacken. Olivenöl in einer großen Pfanne erhitzen, Gemüse, Zwiebeln und Knoblauch anbraten. Pfeffer und Salz hinzugeben, die Hitze zurücknehmen und die kleingeschnittenen Basilikumblätter zufügen. Etwa 20 Minuten schmoren lassen.
Inzwischen in einer Schüssel die Eier mit der Milch und evtl. der Crème fraîche schlagen. Den geriebenen Käse in die Masse hineinrühren.
Den *Tian* mit Olivenöl oder Butter einfetten. Das Gemüse mit der Ei-Milch-Käse-Masse mischen. Alles in den Tian füllen und bei mittlerer Hitze, 170–180 Grad, etwa 30 Minuten backen.

Dieses Gericht kann man wunderbar als Beilage zu nahezu allen Fleischsorten servieren, am besten zu Schweine- oder Lammkotelett.

Varianten:
Statt Hartkäse kann man auch *Brousse de brebis* (frischen Schafskäse) verwenden. Wer keine fleischlosen Gerichte mag, kann zum Beispiel 200 Gramm kleingewürfelten Speck oder 200 Gramm Rinderhackfleisch getrennt in etwas Olivenöl anbraten und im Tian unter die Masse heben, bevor er in den Ofen geschoben wird. Allerdings sollte man in diesem Fall das Basilikum durch frische Provence-Kräuter ersetzen.

Bei Evelynes Großmutter in Nizza habe ich dieses Gericht mit Hackfleisch und Reis, dafür aber ohne Milch und Eier gegessen. Nach meiner Erfahrung ist es besser, wenn man den Reis getrennt kocht, allerdings nur 10 Minuten, und ihn dann mit dem angebratenen Hackfleisch unter das Gemüse mischt. Ehe man diese Variante des *Tian de courgettes* in den Ofen schiebt, bestreut man ihn mit Bröseln.

Le tian de courgettes ▷

IODÉ
sel de mer
FIN

Gratin d'aubergines
Auberginenauflauf

Für 6 Personen:
4 Auberginen (1,2 Kilo)
Olivenöl
3 Knoblauchzehen
Thymian
Béchamelsauce: 150 Gramm Mehl
1/2 Liter Milch
Pfeffer, Salz, 1 Eigelb

Die Auberginen mit scharfem Messer schälen und in dünne Scheiben schneiden. Die Scheiben nebeneinander auf ein Brett legen und mit Hilfe eines Siebs hauchdünn mit Mehl bestäuben (mit einem Löffel sanft auf das Drahtsieb klopfen). Die Auberginenscheiben umdrehen und auf der anderen Seite ebenfalls mit Mehl bestäuben.
Das Öl in einer gußeisernen Pfanne stark erhitzen und die Auberginenscheiben beidseitig goldgelb braten (maximal 2 Minuten auf jeder Seite). Dabei nur soviel Scheiben in die Pfanne geben, daß sie nicht übereinander liegen.
Beim Braten den fein gehackten oder im Mörser zerdrückten Knoblauch und den Thymian hinzufügen. Eine Béchamelsauce rühren.
Die gebratenen Auberginenscheiben in einen *Tian* schichten. Jede Schicht mit etwas Béchamel übergießen.
Den Tian in den auf 180 Grad vorgeheizten Ofen schieben. Der Gratin muß etwa 45 Minuten backen.
Wer's nicht ohne Fleisch mag, kann auf jede Auberginenschicht eine Schicht zuvor kurz angebratenes Hackfleisch geben. Die obere Schicht sollte stets aus Béchamel bestehen.

Beignets d'aubergines
Auberginen im Teigmantel

Für 6 Personen:
6 mittelgroße Auberginen
Salz, Pfeffer
6 Zweige Thymian
Olivenöl
Teig:
200 Gramm Mehl
2–3 Eier
Pfeffer, Salz
Wasser oder Bier

Die Auberginen waschen und ungeschält in etwa 3 mm dicke Längsscheiben schneiden. Salzen und Wasser ziehen lassen.
Inzwischen den Teig bereiten: Mehl, Pfeffer und Salz in eine Schüssel geben. Eier hinzufügen und mit etwas Wasser (oder evtl. Bier) zu einem homogenen dünnflüssigen Teig verrühren.
Die Auberginenscheiben mit Küchenkrepp abtupfen, auf ein Brett legen und auf beiden Seiten mit Salz, Pfeffer und frischem Thymian bestreuen. Olivenöl in einer großen Pfanne stark erhitzen. Dabei muß mit dem Olivenöl so verschwenderisch umgegangen werden, daß die in Teig getauchten Auberginenscheiben schwimmen. Etwa 2 bis 3 Minuten auf jeder Seite goldgelb braten. Die Beignets abtropfen lassen bzw. auf Küchenkrepp legen und heiß stellen.

Papetons d'aubergines
Kleine Auberginenkuchen

Es heißt, der Name Papeton – in dem der Wortstamm »pape« (französisch für »Papst«) zu erkennen ist – habe damit zu tun, daß dieses Gericht die Leibspeise der Päpste von Avignon gewesen sei.*

Für 6 Personen:
6 Auberginen
Olivenöl
1 Zitrone
5 Eier
4 Eßlöffel Crème fraîche
Salz, Pfeffer
Muskat
Thymian
Variante:
250 Gramm Champignons
Béchamelsauce
1 Glas Tomaten- oder Paprikacoulis

Die Auberginen mit scharfem Messer schälen und in gleichmäßig dicke Scheiben schneiden. Wasser ziehen lassen. Mit Küchenkrepp abtupfen.
Die Auberginenscheiben bei mittlerer Hitze 4 bis 5 Minuten in Olivenöl braten. Erneut mit Küchenkrepp abtupfen. 12 Gratinförmchen (Ramequin) oder eine große Form mit den Scheiben auslegen, genauso viele Scheiben zum Abdecken zurückbehalten. Den Rest mit dem Zitronensaft im Mixer zerkleinern. (In dieser Arbeitsphase können die zuvor einige Minuten angedünsteten Champignons eingefügt werden.) Eier, Crème fraîche (oder wahlweise Béchamel), Pfeffer, Salz, Muskatnuß und Thymian der Masse beimengen. Noch einmal bei langsamerer Geschwindigkeit mixen.

* siehe Seite 211

Die Masse entweder in die Auflaufform bzw. Gratinförmchen (Ramequins) füllen. Mit Auberginenscheiben zudecken. Bei 200 Grad 45 bis 50 Minuten (große Auflaufform) oder 30 bis 35 Minuten (kleine Förmchen) im Ofen backen.
Die fertigen Papetons stürzen und etwas Tomaten- oder Paprikacoulis um sie herumgießen.
Papetons können auch kalt mit buntem Salat als Vorspeise serviert werden oder warm als Beilage zu gegrilltem Fleisch oder zu Lammkeule.

Semelles d'aubergines
Schuhsohlen aus Auberginen – Panierte Auberginenscheiben

Abbildung Seite 227

Für 6 Personen:
6 mittelgroße Auberginen
Salz, Pfeffer, Muskatnuß
150 Gramm Mehl
3 Eier
Semmelbrösel
Olivenöl

Die Auberginen wie im Rezept Beignets d'aubergines vorbereiten (siehe Seite 73) jedoch etwas stärker salzen und würzen.
Das Mehl, die geschlagenen Eier und die Semmelbrösel jeweils in einen tiefen Teller geben.
Olivenöl in einer großen Pfanne stark erhitzen. Die Auberginenscheiben der Reihe nach in Mehl wälzen, in die geschlagenen Eier tunken, in dem Paniermehl wenden. Danach in das siedend heiße Öl legen und auf jeder Seite etwa 2 bis 3 Minuten goldbraun braten. Abtropfen lassen bzw. Fett abtupfen und im Ofen warmstellen.

◁ Papetons d'aubergines

Tomates à la provençale
Provençalische Tomaten

Das große Geheimnis der *Tomates à la provençale* besteht in der Wahl der Tomaten – sie sollten so fleischig wie möglich sein –, aber vor allem in der Dauer des Garens: Je sanfter die Hitze und je länger das Schmoren, desto gelungener – wenngleich oft auch unansehnlicher – die *Tomates à la provençale!*

Für 4 Personen:
4–6 Tomaten
3 Knoblauchzehen
1 Bund Petersilie
Olivenöl
Salz

Die Tomaten waschen, halbieren (nicht schälen) und vorsichtig ausdrücken, um Wasser und Kerne zu entfernen. Den Boden einer großen Pfanne mit Olivenöl bedecken. Erhitzen. Die Tomatenhälften mit der Schnittfläche nach unten hineinlegen und 45 Minuten schmoren lassen. Hin und wieder vorsichtig bewegen. In der Zwischenzeit Knoblauch und Petersilie fein zerhacken. Die Tomatenhälften vorsichtig umdrehen, salzen und mit Knoblauch und Petersilie bestreuen. Eine weitere Stunde bei kleinster Hitze schmoren lassen – fertig!

Tomates à la provençale ▷

Petits farcis à la provençale
Gefülltes Gemüse, provençalisch

Die Zubereitung ist aufwendig, aber das Ergebnis ist eine Augen- und Gaumenweide! Früher wurden die *Petits farcis* in riesigen Mengen auf großen Backblechen zu Hause zubereitet und zum Backen in die Bäckerei gebracht.
Gefüllt werden nicht nur Tomaten und Paprika, sondern auch Zwiebeln, Auberginen und Zucchini. Je kleiner die einzelnen Gemüse, desto appetitlicher.

Füllung:
2 dicke Scheiben Weißbrot ohne Rinde
1 Glas Milch oder Weißwein
2 mittelgroße Zwiebeln
3 Eßlöffel Olivenöl
350 Gramm Hackfleisch oder Bratwurstmasse
das Ausgehöhlte vom Gemüse
2 Knoblauchzehen
1 Eigelb
Semmelbrösel
Pfeffer, Salz
Thymian oder Basilikum oder Sarriette

Das Brot in der Milch oder dem Weißwein einweichen. Die feingehackten Zwiebeln in etwas Olivenöl andünsten, bis sie goldgelb sind. Das Hackfleisch (es muß ebenfalls äußerst fein gehackt sein), das sorgfältig ausgedrückte Brot, das zerhackte Innere vom Gemüse hineingeben, gut verrühren und so lange schmoren, bis alle Flüssigkeit verdunstet ist. Etwas abkühlen lassen; den zerdrückten Knoblauch, das Eigelb, Brösel, Pfeffer und Salz, eventuell etwas gerebelten Thymian, Sarriette oder gehacktes Basilikum unterrühren.

Tomaten:
Die Tomaten aushöhlen, das Innere mit Salz bestreuen und etwa 30 Minuten Wasser ziehen lassen. Vor dem Füllen in jede Tomate einen Löffel ungekochten Reis geben.

Zwiebeln:
Die Zwiebeln etwa 15 Minuten blanchieren. Dann erst halbieren und aushöhlen. Füllen.

Auberginen:
Die Auberginen waschen und etwa 15 Minuten bei 160 Grad in den Backofen schieben. Der Länge nach einen kleinen Deckel abschneiden, aushöhlen. Der Füllung eine kleingehackte geschälte Tomate hinzufügen. Füllen.

Courgettes:
Den Courgettes der Länge nach ein Häubchen abschneiden. In rohem Zustand aushöhlen. Füllen, ebenfalls etwas gehackte Tomate hinzufügen.

Paprika:
Sie sollten so glatt wie möglich sein. Am Stielansatz aufschneiden, alle Kerne sorgfältig herausnehmen. Füllen.

Ein großes Backblech mit Öl bestreichen. Das Gemüse dicht nebeneinander auflegen, mit Alufolie abdecken. Bei 160 Grad 45 Minuten backen. Die Alufolie abnehmen. Die Deckel auf Zucchini und Auberginen setzen; über die Tomaten, die Zwiebeln und die Paprika Brösel streuen. Noch einmal bei 200 Grad 20–25 Minuten backen.
Wenn keine Tomaten dabei sind, sollte man ein wenig Flüssigkeit (Fleischfond) auf das Backblech geben.
Les *petits farcis* kann man in großen Mengen zubereiten. Sie lassen sich sehr gut wieder aufwärmen (und tiefgefrieren).

Boumiano – Bohémienne
Auberginen-Tomaten-Topf

Für 6 Personen:
4 Auberginen (1 1/4 Kilo)
1 Zwiebel
4 Tomaten (800 Gramm)
1 Bund Petersilie
6 Knoblauchzehen
Olivenöl
Pfeffer, Salz
eventuell 1 Eßlöffel Mehl
50 Gramm geriebener Käse

Die Auberginen schälen und in kleinere Stücke schneiden. Zum Wasserziehen mit Salz bestreuen.
Den Boden einer Sauteuse mit Olivenöl bedecken, sanft erhitzen. Die kleingehackte Zwiebel andünsten, bis sie glasig ist. Die geschälten, entkernten Tomaten vierteln und zu den Zwiebeln geben. Etwa 5 Minuten unter regelmäßigem Umrühren andünsten. Die Auberginen in Küchenkrepp trocknen und hinzufügen. Umrühren. Petersilie und Knoblauch, beides klein gehackt, untermengen. Gut 30 Minuten dünsten, immer wieder umrühren. Abschmecken.
Fertig ist die *Bohémienne,* wenn die Tomaten und die Auberginen ein cremiges Mus bilden. Dem wird manchmal nachgeholfen, indem man 1 Eßlöffel Mehl hinzufügt. Es darf jedenfalls kein Wasser mehr in der Pfanne zurückbleiben. Noch sämiger wird dieses Gericht, das übrigens aus der Gegend von Avignon stammen soll, wenn man vor dem Servieren etwas geriebenen Käse hineinrührt.
Kalt kann man eine *Bohémienne* sehr gut als Vorspeise servieren.

Ratatouille

Zu Recht weisen die Provençalen die *Ratatouille* als unprovençalisch ab, als der Küche von Nizza zugehörig. Echt provençalisch sei einzig und allein die *Bohémienne,* die lediglich aus Auberginen und Tomaten besteht. In diesen Streit – den die Franzosen unfreundlicherweise als »querelle d'Allemands«, also als läppisch und überflüssig abtun – möchte ich mich nicht einmischen, sondern nur darauf hinweisen, daß mittlerweile die Grenzen sehr fließend sind: Die provençalische Hausfrau wird ihre *Bohémienne* auch dann *Bohémienne* nennen, wenn sie alle Zucchini und alle roten, grünen und gelben Paprikaschoten, die sie noch übrig hat, in das Gericht hineinschnippelt, und umgekehrt wird in Nizza eine *Ratatouille* immer noch *Ratatouille* heißen, auch wenn zufällig mal nur Tomaten und Auberginen vorhanden waren.

Für 6 Personen:
1 Kilo Tomaten
3 Zwiebeln
6 Knoblauchzehen
6 Eßlöffel Olivenöl
1 Bouquet garni
Pfeffer, Salz
1 Kilo Zucchini
1 Kilo Auberginen
4 große Paprika (bunt)
1 Eßlöffel gehacktes, frisches Basilikum

Tomaten schälen, in Stücke schneiden, dabei die Kerne entfernen. Knoblauch und Zwiebeln schälen und grob hacken. In einem gußeisernen Bräter 3 Eßlöffel Olivenöl erhitzen und darin die Zwiebeln anrösten. Tomaten, Knoblauch, Bouquet garni, Pfeffer und

Salz hinzufügen, die Hitze zurücknehmen, abdecken und 15 bis 20 Minuten dünsten.
Inzwischen die ungeschälten Zucchini, Auberginen und Paprika waschen und in Scheiben schneiden. Alles Gemüse in einer großen Pfanne in Olivenöl anbraten, eventuell in mehreren Arbeitsgängen. Das Gemüse in den Bräter geben, mit dem Tomatencoulis mischen und ohne Deckel bei mäßiger Hitze etwa 45 Minuten schmoren. Der Gemüsesaft muß ziemlich verdunstet sein.
In einer tiefen Schüssel servieren und mit dem gehackten, frischen Basilikum bestreuen.
Dieses wunderbare Sommergericht kann in großen Mengen zubereitet werden. Man kann es auch kalt, z. B. zu kalter Lammkeule, oder aufgewärmt essen.

Mistralschutz mit Schilfzäunen

Gratin de cardes
Gratin von Gemüseartischocken

Cardons, Gemüseartischocken (Karden), gibt es auf den provençalischen Märkten von Mitte November bis Januar. Die Pflanzen, eine Distelart, werden im Herbst auf den Feldern zusammengebunden und in Papier oder Plastikfolie eingepackt, damit die Stiele *(les cardes)* weiß und zart werden (die Wurzeln und Stiele sehen aus wie Bleichsellerie). Nur der obere Teil der Blätter wird dunkelgrün und sieht den normalen Artischockenblättern zum Verwechseln ähnlich.

Für 4 Personen:
1 Gemüseartischocke (etwa 1,2 Kilo)
2 Zitronen oder 1 Tasse Essig
4 Sardellen
2 Knoblauchzehen
1 kleine Zwiebel oder Schalotte
8 Eßlöffel Olivenöl
1 Eßlöffel Mehl
1/2 Liter Milch
1 Eigelb
Pfeffer, Salz
Muskat
eventuell 2 kleine Ziegenkäse

Die einzelnen Stengel säubern und gut schälen, nicht nur wie beim Staudensellerie alle Fäden ziehen. In kleine Stücke schneiden und sofort in Zitronen- oder Essigwasser 10 Minuten blanchieren, sonst werden sie braun.
Sardellen und Knoblauch im Mörser zerdrücken. Die klein gehackte Zwiebel oder Schalotte im Olivenöl andünsten. Zunächst Knoblauch- und Sardellenmus, danach Mehl unterrühren. Unter ständigem Rühren mit Milch vermischen. Vom Feuer nehmen und das Eigelb unterrühren.

Das Gemüse in einen *Tian* geben, mit Pfeffer, Salz und etwas Muskatnuß würzen. Die sämige Sauce darübergießen und im Ofen bei 200 Grad 20 bis 30 Minuten überbacken.
Eine hübsche Geschmacksnuance zu diesem Gericht bringt Ziegenkäse. Man kann ihn zerbröckeln oder zerdrücken und unter die Sauce mischen.

Dieses Gericht darf beim *»Gros Souper«*, also beim Weihnachtsessen, nicht fehlen.

Gratin de blettes
Mangoldgratin

Auch auf provençalischen Märkten gibt es Gemüseartischocken nicht allzu häufig zu kaufen. Das gleiche Gericht, wie das vorstehend beschriebene, ihm auch im Geschmack sehr ähnlich, kann man mit den weißen Stengeln des Mangolds zubereiten. Alles Grün von den Blättern abschneiden, die Stengel abziehen und genauso verfahren wie beim *Gratin de cardes.* Persönlich mag ich Mangoldgratin sogar lieber: Der Geschmack ist weniger herb.

Gratin de courge
Kürbisgratin

Für 6 Personen:
1 1/2 Kilo Kürbis
3 Zwiebeln
2 Knoblauchzehen
1 Lorbeerblatt
Thymian
Rosmarin
Pfeffer, Salz
250 Gramm durchwachsener Speck
Olivenöl
Paniermehl oder geriebener Käse

Die entkernten Kürbisscheiben schälen und in kleine Stücke schneiden. Zwiebeln und Knoblauch kleinhacken und in Olivenöl goldgelb andünsten. Gemüse und Kräuter hinzufügen und so lange dünsten, bis das Gemüse weich ist. (Vorsicht: Es darf nicht zerfallen!) Den Speck in kleine Würfel schneiden und getrennt anbraten. Einen *Tian* mit Olivenöl bestreichen, das Gemüse abschmecken, mit den Speckwürfeln mischen und einfüllen. Mit Paniermehl oder geriebenem Käse bestreuen und bei 180 Grad etwa 15 Minuten überbacken.

Tarte à la courge
Kürbiskuchen

Vermutlich ist dieses Gericht ein eher modisches und kein ursprünglich provençalisches, zumal »le fond de tarte«, der Kuchenboden, meist mit Butter oder zumindest mit Margarine – beides vollkommen unprovençalische, »eskimohafte« Fettarten (siehe Einleitung) – zubereitet wird.

Der Teig für 2 *Fonds de tarte:*
500 Gramm Mehl
200 Gramm Butter
1 Prise Salz
1 Prise Zucker
1 Ei
0,1 Liter Wasser

Das Mehl in eine Teigschüssel sieben. Die Butter in Stückchen hineinschneiden und mit einer Prise Salz und einer Prise Zucker so lange bearbeiten, bis eine grob sandige Konsistenz erreicht ist. Ei und Wasser hinzufügen, bis man den Teig zur Kugel formen kann – er darf nicht zu fest und nicht zu weich sein. Mindestens eine Stunde ruhen lassen.

Um einen stilechteren provençalischen Kürbiskuchen zu backen, kann man für den Boden einen Ölteig verwenden. Bei der angegebenen Menge Mehl nimmt man 0,1 Liter Olivenöl. Der Teig ist etwas kompakter, weniger mürbe.

Die Füllung für eine Tarte für 8 Personen:
1 Kilo Kürbisfleisch
200 Gramm Zwiebeln
3 Knoblauchzehen
1 Lorbeerblatt
2–4 Zweige Thymian
1–2 Zweige Rosmarin
Pfeffer, Salz
Olivenöl
100 Gramm durchwachsener Speck
Paniermehl
oder, statt Paniermehl:
2 Eier
1/4 Liter Milch oder flüssige Sahne

Den Teig 2 bis 3 mm dick ausrollen und eine runde, flache Kuchenform (28 cm Durchmesser) damit auslegen.
Den Kürbis in kleine Würfel oder Scheibchen schneiden, die Zwiebeln und den Knoblauch grob zerhacken.
Zwiebeln, Knoblauch und Kürbis in etwas Olivenöl so lange mit den Kräutern dünsten, bis sie weich sind, mit Pfeffer und Salz würzen. Vorsicht: Der Kürbis darf nicht zerfallen oder zu Brei werden!
Wenn das Gemüse Wasser zieht, das nicht verdunstet, dieses in eine Schüssel abgießen. Das Gemüse abtropfen lassen oder mit Küchenkrepp abtupfen. Mit dem klein gewürfelten Speck mischen und auf dem Kuchenboden verteilen. Mit Paniermehl und eventuell noch etwas frischem Thymian bestreuen und bei 180 Grad 45 Minuten backen.
Variante ohne Paniermehl: Milch oder Sahne mit den Eiern und dem Gemüsesaft verrühren und das Gemisch nach 25 Minuten Backzeit über den Kuchen gießen. Weitere 20 bis 25 Minuten backen.

◁ Tarte à la courge

L'aïoli: Das »Nationalgericht« der Provençalen

Echte Kenner werden Entsetzensschreie ausstoßen oder zumindest verächtlich die Nase rümpfen, wenn sie Aïoli im Kapitel »Gemüse« entdecken. Ähnlich wie das Pistou häufig mit der Gemüsesuppe, die es begleitet, verwechselt wird, so wird auch das Aïoli mit den dazu servierten Gemüse- (oder Fisch-) Beilagen verwechselt. Was ist nun das Aïoli wirklich?

Am besten hält man sich an die Definition, die *Frédéric Mistral* (allerdings unter dem Pseudonym *Cousinié Macari,* der Koch Macari) im provençalischen Almanach des Jahres 1874 davon gibt:
»Das Aïoli ist eine Knoblauchcreme aus Eigelb und Öl. Der Knoblauch (zwei Zehen pro Person muß man rechnen) wird zunächst sorgfältig in einem Mörser zermalmt. (Die schönsten Mörser sind aus weißem Marmor, und die größten sind von so beträchtlichem Umfang, daß der Stößel, mit dem man die kostbare Würze bearbeitet, von der Decke oder von der Weinlaube herunterhängt, damit das Handgelenk desjenigen, der ihn bedient, etwas entlastet wird.) Danach wird das Eigelb und schließlich, Tropfen für Tropfen, das Öl untergerührt.«
Es muß wohl kaum erwähnt werden, daß man dabei Olivenöl der ersten Pressung verwenden sollte! Der *Cousinié Macari* alias *Frédéric Mistral* empfiehlt außerdem, ein paar Tropfen lauwarmes Wasser und den Saft einer halben Zitrone hinzuzufügen, nachdem diese Knoblauch-Mayonnaise (welch' barbarische Bezeichnung) fest geworden ist. Daß das Ganze, und zwar gleich zu Beginn, gesalzen wird, braucht man einem erfahrenen Cousinié nicht erst zu erläutern.
Wie bei einer gewöhnlichen Mayonnaise kann es passieren, daß das Aïoli »zusammenfällt« – »l'aïoli tombe«. Dann muß man es »wiederaufrichten« – »relever«, so sagen die Provençalen. Das bedeutet ganz einfach, daß man von vorne anfängt, und wenn die Konsistenz stimmt, rührt man ganz langsam die geronnene Masse unter. Will man das Zusammenfallen jedoch vermeiden, so sollte man sehen, daß alle Zutaten die gleiche Temperatur (am besten Zimmertemperatur) haben. Dies ist die sicherste Voraussetzung für das perfekte Gelingen eines Aïoli. Und noch ein kleiner Hinweis: Am kräftigsten schmeckt ein Aïoli, wenn man jungen Knoblauch verwendet. Sollte es ihn auf dem Markt nicht geben, so müssen aus den älteren Knoblauchzehen unbedingt die Keime entfernt werden.

In der eben beschriebenen Form, das heißt ohne die Beilagen, die heute stets zum Aïoli-Essen serviert werden, haben früher die Arbeiter in den Ölmühlen das Aïoli jeden Morgen zum Frühstück gegessen. Mein alter Nachbar unterbricht allmorgendlich gegen acht Uhr seine Arbeit auf dem Feld oder im Stall, um ein paar Scheiben rohen grünen Paprika und eine Tomate zusammen mit einer Portion Aïoli zu verzehren.

Heutzutage ist ein Aïoli-Essen jedoch meist ein kleines Festessen, vornehmlich im Winter, auf jeden Fall aber ein geselliges Ereignis. Große Schüsseln mit gekochtem Gemüse – alles, was man auf dem Markt findet, immer aber Pellkartoffeln, Blumenkohl und Karotten, häufig auch Fenchel, grüne Bohnen und dicke Bohnen – werden auf den Tisch ge-

bitte weiter auf Seite 88

stellt (ich zögere zu sagen: auf das Party-Büffet... der *Cousinié Macari* würde sich im Grabe umdrehen). Selbstverständlich darf das Gemüse nicht allzu weich gekocht sein, alles sollte noch etwas Biß haben.
Warum dies ein beliebtes Essen ist, sobald eine größere Anzahl von Gästen erwartet wird, versteht sich von selbst. In den kleinen Dörfern der Provence hat sich der wunderbare Brauch erhalten, daß sich alle Einwohner mindestens einmal im Jahr zu einem Essen treffen. Wichtig dabei ist nicht das gastronomische Ereignis, sondern die Geselligkeit. Ich habe solche »Dorfessen« (»repas du village«) erlebt, bei denen hundert und mehr Gäste an einer riesigen Tafel versammelt waren. Kann man sich ein geeigneteres Gericht vorstellen als ein Aïoli?
Übrigens besteht ein Aïoli-Essen stets nur aus dem einen, eben beschriebenen Gericht, zu dem bei größeren festlichen Ereignissen noch Stockfisch und Schnekken (*»petits gris«* de Provence) serviert werden. Keine Vorspeise, kein Salat, für die besonders Naschsüchtigen höchstens ein Dessert. Und trotz der Schlichtheit dieses Essens wurde das Aïoli und seine Eigenschaften von den Dichtern der Provence immer wieder besungen, ja sogar zur hohen Kunst erhoben oder zumindest damit in Verbindung gebracht. Als ich mich vor vielen Jahren einmal wegen einer Autopanne ein paar Stunden in Cagnes-sur-Mer aufhalten mußte, entdeckte ich zu meiner großen Freude ein kleines Bistro, das den schönen Namen »Art et Aïoli« trug. An den Wänden hingen Zeichnungen und Tierporträts. Auf mein neugieriges Fragen hin, wie denn da ein Zusammenhang bestünde, erhielt ich dann des Rätsels Lösung: Das Lieblingsgericht der Besitzerin war Aïoli – sie war aber auch die Tochter (oder die Enkelin? ich habe es vergessen) des Zöllners *Rousseau* und liebte die Kunst. Zwischen der bildenden und der Kochkunst gab es für sie jedenfalls keine Kluft, schon gar nicht, wenn es sich um ein Aïoli handelte!
Zum Thema Aïoli möchte ich abschließend noch einmal *Frédéric Mistral* zu Wort kommen lassen, der 1891 eine neue provençalische Zeitschrift gründete, die er *»l'Aïoli«* nannte. In der ersten Nummer schreibt er:
»Das Aïoli konzentriert in seiner Essenz alle Wärme, alle Kraft, allen Jubel der provençalischen Sonne; es hat aber auch eine ganz besondere Eigenschaft: Es hält die Fliegen fern. Diejenigen, die es nicht mögen, diejenigen, die von unserem Öl Sodbrennen im Hals bekommen, werden es deshalb vermeiden, in unserer Umgebung herumzuschwirren. So bleiben wir unter uns.«

Le grand aïoli

Für 6 Personen:
6 Eier
6 Kartoffeln (Rosevall)
6 Karotten
750 Gramm grüne Bohnen
6 kleine Fenchelknollen
1 Blumenkohl
6 kleine Artischocken
Salz

Knoblauchcrème siehe Seite 86

...und was den Unterschied zum gewöhnlichen Aïoli ausmacht:

800 Gramm Stockfisch
3 Dutzend Schnecken (Petits gris de Provence)
800 Gramm Tintenfisch

Für die Zubereitung der Schnecken – falls die Köchin nicht auf Dosenschnecken zurückgreift und den Mut hat, sie selbst zuzubereiten:

1 Bouquet garni
1 Zwiebel
1 Gewürznelke
2 Knoblauchzehen
1 Teelöffel gemahlener Pfeffer, Salz
3 Eßlöffel Olivenöl
1/4 Liter Essig

Den Stockfisch am Vorabend in kaltes Wasser legen. Wasser mehrfach wechseln.
Die Schnecken, die bereits 8 Tage lang ausgehungert wurden, in eine Essig-Salz-Mischung legen, um allen Schleim austreten zu lassen.
Den Stockfisch waschen und abtropfen.
Die Schnecken ebenfalls sorgfältig waschen und solange in kochendes Wasser geben, bis man sie mit einer Stopfnadel aus den Häuschen herausnehmen kann.
Mit dem Bouquet garni, der mit einer Gewürznelke gespickten Zwiebel, den Knoblauchzehen, dem Pfeffer einen Sud herstellen und die Schnecken etwa 15 Minuten darin leise kochen.
In der Zwischenzeit den Tintenfisch säubern, waschen und in gleichmäßige Ringe schneiden. In der Pfanne in etwas Olivenöl unter ständigem Rühren anbraten.
Die Eier 8 Minuten kochen, abschrecken, schälen und vierteln.
Alles Gemüse, bis auf die Kartoffeln, schälen und waschen. Kartoffeln nur waschen. Am besten getrennt kochen.
Den Stockfisch 10 Minuten pochieren.
Stockfisch, Schnecken, Tintenfisch und Eier auf einer Platte anrichten. Das Gemüse auf einer zweiten Platte, das Aïoli in einer Schale oder Saucière servieren.
Die Kunst bei der Zubereitung des »Grand aïoli« besteht zunächst in der Auswahl der Gemüsesorten: Es muß alles sehr frisch sein. Darüber hinaus muß der Zeitplan genau stimmen, denn alle Bestandteile (bis auf das Aïoli) müssen gleichzeitig und möglichst heiß auf den Tisch kommen.

Quai des Belges, am alten Hafen von Marseille ▷

port frioul

Les poissons

Fischstand auf dem Markt in Cavaillon

◁ Moules à la marseillaise

Nicht nur in Marseille und an der Küste, sondern überall, auch im Herzen der Provence, hat Fisch auf dem Speiseplan der Familien stets eine große Rolle gespielt. Daß heute noch beim Krippenspiel in der Mitternachtsmesse in Fontaine-de-Vaucluse dem Christkind eine frische Forelle aus der Sorgue zum Geschenk gemacht wird, mag davon Zeugnis ablegen. Zu einer Zeit, als der Fisch aus den großen Flüssen noch genießbar war – also vor gar nicht allzu langer Zeit – wurden in allen Wirtshäusern an der Rhône den Gästen *Catigots* oder *Matelottes* angeboten. Die Besonderheit dieser Eintöpfe aus Flußfischen bestand darin, daß sie mit dem Rotwein der Gegend, mit Côtes du Rhône oder gar Châteauneuf-du-Pape, gekocht wurden.
Und wer bei Mistral die Beschreibungen von Essensausflügen in die Gegend von Arles liest, wird auf der Stelle von unbändiger Lust nach Fisch gepackt…

Moules à la marseillaise
Miesmuscheln à la marseillaise

Für 4 Personen:
- 6 Dutzend Miesmuscheln
- Olivenöl
- 4 Knoblauchzehen
- 1 Bund Petersilie
- 1/8 Liter trockener Weißwein
- Pfeffer
- 1 Eßlöffel Paniermehl

Muscheln sorgfältig waschen. In eine große Pfanne mit Olivenöl geben und stark erhitzen, damit sich die Muscheln öffnen und das Meerwasser verdunstet (Muscheln, die sich nicht öffnen, wegwerfen). Knoblauch und Petersilie kleinhacken und über die Muscheln geben. Weißwein, etwas Pfeffer und Paniermehl hinzufügen. Die Pfanne mehrfach kräftig schütteln, damit sich alles gut vermischt. Etwa 5 Minuten weitergaren. Sofort servieren.

La bouillabaisse marseillaise

Fische, wie sie Edmond für seine Bouillabaisse verwendet

Für 8 Personen:
La soupe: der Sud
2 Liter Wasser
1 Kilo Poissons de roches
400 Gramm Zwiebeln
10 Knoblauchzehen
8 Eßlöffel Olivenöl
1 Lorbeerblatt, 1 Zweig Thymian
1 Zweig Fenchelkraut
1 Stückchen Orangenschale
500 Gramm Tomaten
Pfeffer, Salz, Safran

Die grob zerhackten Zwiebeln und den Knoblauch in Olivenöl andünsten. Lorbeer, Thymian, Fenchel, Orangenschale (nur 1–2 cm) und schließlich die ungeschälten Tomaten und die kleinen Fische dazugeben. Mit etwa 2 Liter Wasser übergießen, mit Pfeffer, Salz und Safran würzen. Etwa eine Stunde kochen. Durch ein Sieb streichen.

La rouille:
Eine Bouillabaisse ohne Rouille (zu deutsch: Rost!) wäre wie ein Topf ohne Deckel. Die Rouille wird entweder in die Suppe gerührt oder die Croutons werden damit bestrichen und auf die Suppe gelegt. (Rezept siehe Seite 31)

Les poissons:
Es ist so gut wie unmöglich, genau zu bestimmen, welche Fische in welchen Mengen für die eigentliche Bouillabaisse erforderlich sind. Für 8 Personen sollten es auf jeden Fall 2 bis 2 1/2 Kilo sein, je nachdem, was der Fischhändler (in Marseille natürlich der Fischer) an Mittelmeerfischen anbietet:

Knurrhahn (grondin, prov. *gournau*), grauer Knurrhahn *(galinette)*, Meerjunker *(girelle)*, Seeteufel *(baudroie)*, Drachenkopf *(rascasse)*, Seebarbe/Rotbarbe *(rouget)*, Petersfisch *(Saint-Pierre)*, Merlan, Muräne, Seewolf, Zackenbarsch *(serran)*, Meeraal (*congre*, prov. *fiélas*), Petermännchen *(vive)*, gegebenenfalls Langusten...

Zu vermeiden sind die sogenannten blauen Fische: Makrele, Sardinen, Meeräsche. Sie sind viel zu kräftig im Geschmack und würden vorschmecken. Allerdings kann man sie jeweils allein zur Bouillabaisse verarbeiten.

Die Fische sorgfältig ausnehmen, schuppen und waschen. Nach Konsistenz sortieren. Häufig werden sie in Scheiben geschnitten. Der Ästhetik wegen ziehe ich es jedoch vor, die Fische ganz zu lassen, sofern sie nicht allzu groß sind. Den Sud zum Kochen bringen und gegebenenfalls noch etwas Olivenöl zufügen. Die Fische mit festem Fleisch (Seeteufel, Drachenkopf, Seeaal, Knurrhahn, Petermännchen) zuerst in den sprudelnden Sud legen und 5 Minuten kochen. Dann die weichen Fische hineingeben und alles zusammen weitere 5 Minuten bei zurückgenommener Hitze mehr ziehen als kochen (der Fisch darf nicht zerfallen).

Die Fische aus dem Sud nehmen, auf einer großen Platte anrichten und mit gehackter Petersilie bestreuen. Getrennt, aber gleichzeitig mit der Suppe servieren, zu der Croutons und Rouille gereicht werden.

Nach alten Rezepten sollen lediglich trockene Brotscheiben in die Schüssel gelegt werden, über die dann die Suppe gegossen wird.

In Martigues und anderswo an der Küste werden im Sud auch Kartoffeln mitgekocht. Dies ist in Marseille verpönt. Daß heutzutage manchmal auch Langusten zur Bouillabaisse serviert werden, ist nur eine Modeerscheinung. Es wäre sicherlich übertrieben zu behaupten, Bouillabaisse sei ursprünglich ein Armeleute-Essen gewesen, aber feststeht, daß es das Alltagsgericht der Fischer war, die darin die zu kleinen oder aus irgendeinem anderen Grund unverkäuflichen Fische verarbeiteten. Zu dem Höhepunkt an Verfeinerung ist die Bouillabaisse im Laufe des 19. Jahrhunderts geworden, zu einer Zeit, als die Gastronomie in Mode kam und zur Kunst erklärt wurde.

Catigot d'anguielo – Anguilles en matelotte Aal in Rotwein

Für 6 Personen:
1,5 Kilo Aal
2 Zwiebeln
4 Eßlöffel Olivenöl
3 Eßlöffel Mehl
1/2 l kräftiger Rotwein (Côtes du Rhône)
2 Knoblauchzehen
1 Bouquet garni
1 Stückchen Orangenschale
1 Pfefferschote

Den Fisch ausnehmen und häuten. Waschen und in gleichmäßige Stücke schneiden.

Die gehackten Zwiebeln in Olivenöl andünsten. Mehl einrühren, mit Rotwein aufgießen. Den kleingehackten Knoblauch, das Bouquet garni, die Orangenschale, die zerstoßene Pfefferschote, dann die Fischstücke hinzufügen. Abschmecken. Falls nötig, etwas Wasser dazugießen. 20 Minuten brodelnd kochen und sehr heiß servieren.

Mistral beschreibt ein Catigot-Essen in einer Fischerkneipe an der Rhône, in Trinquetaille bei Arles: »Der Stab eines Hirten wäre darin aufrecht gestanden – gesalzen wie das Meer, gepfeffert wie der Teufel...«

La bouillabaisse marseillaise

FILETS SALÉS
SARDINES SALÉES
pièce
0 2,50 F

Brandade de morue
Pürierter Stockfisch

Wer neugierig ist und wissen will, woher das geheimnisvolle provençalische Wort »Brandade« stammt, muß sich in eine Zeit zurückversetzen, in der es noch keine Küchenmaschinen gab: Die Etymologie ist zwar umstritten, aber dennoch besteht, wie mir scheint, eine Verwandtschaft mit dem Verb »brandir« = drohend vor sich hin bewegen. Schaltet man die Drohung aus und wendet man sich zeitlich noch etwas weiter zurück (der Wortstamm von »brandir« hat mit dem germanischen »Brand« = brennen, zu tun), dann weiß man, was eine gute Brandade ist, noch ehe man sie gekostet hat: Der Stockfisch (in unserem Fall) wird erhitzt, gekocht und so lange und so heftig gerührt, bis er mit Hilfe von jungfräulichem Olivenöl zu einem sämigen, homogenen Brei geworden ist.

Für 6 Personen:
1 Kilo Stockfisch (möglichst ein Schwanzstück)
Olivenöl
1/2 Liter Milch
1 Knoblauchzehe
1 Teelöffel gehackte Petersilie
1 Sardelle
Pfeffer
Schale einer Zitrone
Brotscheiben

Nachdem die Flossen entfernt sind, den Stockfisch 24 Stunden in kaltes Wasser legen. Danach spülen und in einem großen Topf mit kaltem Wasser zum Kochen bringen. 30 Minuten sieden lassen, danach in einem Sieb abtropfen und die Gräten entfernen. Die Haut jedoch nicht abziehen, da sie zum Binden der Masse nützlich ist. In einem großen, möglichst gußeisernen oder kupfernen Topf Olivenöl zum Sieden bringen. Wenn das Fett raucht, den Stockfisch hineingeben und sofort mit heftigem Rühren beginnen. Den Topf von der Herdplatte nehmen, die Masse weiter energisch mit dem Kochlöffel bearbeiten. Allmählich die kochende Milch und etwas Olivenöl unterrühren.
Knoblauch, Petersilie und Sardelle im Mörser zerdrücken. In einer Pfanne in etwas Olivenöl leicht anbraten. Unter die Stockfischmasse rühren. Mit Pfeffer abschmecken und zum Schluß die geriebene Schale einer Zitrone in die Masse einrühren. Brot in Olivenöl rösten und zur warmen oder kalten Brandade servieren.
»Manjo la merlusso qu'en brandado« – »Er ißt den Stockfisch nur als Brandade«, lautet eine provençalische Redewendung. Und sie bedeutet: Dieser Mensch ist so ungeheuer heikel, daß er nur vom Besten ißt. Eine Steigerung jedoch wäre durchaus denkbar: »Er ißt den Stockfisch nur als Brandade, und dann muß auch noch Trüffel dabei sein!«
Denn diese Variante gibt es:

Brandade de morue aux truffes
Stockfischpüree mit Trüffeln

Oh! la truffe! On s'étonnerait si elle ne venait pas montrer le bout du nez et aplatir sa face noire au milieu de ce plat et en souiller la virginité: Non! non! s'écrie le gourmand, noircissez-la bien.«
(»Oh! die Trüffel! Man würde sich wundern, wenn er nicht seine vorwitzige Nasenspitze zeigte und sein schwarzes Gesicht mitten in dieses Gericht drücken und dabei dessen Jungfräulichkeit beschmutzen würde: Nein! nein! ruft der Gefräßige, macht es ja schön schwarz.«)

Zu dieser indirekten Hymne an die Trüffel versteigt sich der elegische *Marius Morard* 1886 im Zusammenhang mit der *Brandade de morue.* Und er fährt fort:
»Es genügt, sie (die Trüffel, soviel wie möglich, versteht sich!) in Öl zu erhitzen und zu dem Stockfisch zu werfen, sie beizumischen, ohne jedoch die großen, dünnen Scheiben zu zerbrechen, von denen man einige ausspart, die man sodann symmetrisch auf das domförmig präsentierte Gericht dekoriert.«
Damit ist alles gesagt!
Eine vermutlich modernere Variante der Stockfisch-Brandade ist folgende:

Beignets de brandade de morue
In Teig eingebackene Brandade de morue

Das Rezept habe ich zum ersten Mal in dem 1988 erschienenen Kochbuch der südfranzösischen Schlagersängerin *Michèle Torr* entdeckt. Und da ich Beignets über alles liebe (eine Reminiszenz aus der Kindheit, die Großmutter ersetzte häufig für uns Kinder das ungeliebte Fleisch durch Beignets in allen Variationen, wie es sich gerade ergab), habe ich es sofort – erfolgreich – ausprobiert.
Der Teig muß etwas dickflüssiger sein als bei Gemüse- oder Obstbeignets:

Für 6 Personen:
150 Gramm Mehl
2 Eier
Je nach Geschmack: Wasser oder Milch
Salz, Pfeffer
300 Gramm »Brandade de morue«
Olivenöl

Während der Teig ruht, werden aus der *Brandade* von Hand oder mit zwei Teelöffeln kleine Bällchen geformt. Diese Bällchen werden in den Teig getunkt und in einer großen Pfanne oder einer Friteuse in siedendem Olivenöl etwa 5 Minuten gebakken. Sehr heiß servieren.

Sauce de poireaux à la morue
Lauchgemüse mit Stockfisch

Für 6 Personen:
1 Kilo Stockfisch
1 Kilo Lauch
Olivenöl
1 Eßlöffel Mehl
1/2 Liter Milch
Muskat
50 Gramm Hartkäse
150 Gramm schwarze Oliven

Ein möglichst dickes Stück vom Stockfisch wählen. 24 Stunden wässern. (Auf den Bauernhöfen legte man früher den Fisch zusammengebunden und mit der Haut nach oben unter das fließende Wasser des Brunnens.) Den Fisch in einem großen Topf in kaltes Wasser legen. Zum Kochen bringen. Sobald das Wasser kocht, den Fisch herausnehmen, Haut und Gräten entfernen und das Fleisch zerkleinern.
Lauch in feine Ringe schneiden und sorgfältig waschen. In einer großen Sauteuse in Olivenöl etwa 1/2 Stunde dünsten. Die Stockfischstücke und das Mehl dazugeben und alles gut vermischen. Nach einigen Minuten Milch, Muskat und geriebenen Käse zufügen und gut verrühren. Wenn der Stockfisch sehr salzig ist, braucht man in aller Regel kein Salz hinzuzufügen. Bei schwacher Hitze etwa 1/2 Stunde garen. Mit schwarzen Oliven servieren.

Thon à la provençale
Thunfisch provençalisch

Für 6 Personen:
1,2 Kilo frischer Thunfisch
2 Zwiebeln
4 Tomaten
3 Stengel Staudensellerie
1–6 Knoblauchzehen, je nach Geschmack
Olivenöl
Salz, Pfeffer, frischer Thymian
0,2 Liter trockener Weißwein
1/2 Zitrone
1 Dutzend grüne und 1 Dutzend schwarze Oliven
Petersilie

Zwiebeln schälen und grob zerhakken.
Tomaten kurz in kochendes Wasser legen und anschließend abziehen. Der Länge nach halbieren und vorsichtig ausdrücken, um Wasser und Kerne zu entfernen. In Würfel schneiden. 3 Stengel Staudensellerie schälen (an mehreren Stellen brechen und die Fäden abziehen) und in 1/2 cm große Stücke schneiden.
Eine Knoblauchzehe schälen und im Mörser oder auf dem Brett zerdrücken.
4 Eßlöffel Olivenöl in einen gußeisernen Topf geben und stark erhitzen. Die dicke Thunfischscheibe in das siedende Öl legen und 2 Minuten auf jeder Seite anbraten.
Den Thunfisch vorsichtig herausnehmen und auf eine vorgewärmte Platte legen. Zunächst die Zwiebeln, dann die Tomaten in den Bräter geben und fünf Minuten unter ständigem Rühren dünsten. Sellerie, Salz, Pfeffer, Thymian (zwei bis drei Zweige abrebeln) hinzufügen.
Mit dem Weißwein übergießen und den Thunfisch wieder in den Bräter legen. Zudecken und auf kleiner Flamme 30 Minuten schmoren.
Nach dieser Garzeit 4 Scheiben Zitrone und die Oliven hinzugeben. Eine weitere 1/4 Stunde schmoren.
Thunfisch mit dem Gemüse auf einer Platte anrichten und mit feingehackter Petersilie bestreuen.
Den Bratsaft getrennt in einer Sauciere und als Beilage frische Nudeln oder Reis servieren.
Dieses Gericht kann man auch kalt als Vorspeise essen. In diesem Fall übergießt man es im Augenblick des Servierens mit einem Schuß Olivenöl und dem Saft einer halben Zitrone.

Sardines au gratin
Gratinierte Sardinen

Man rechnet bis zu einem Dutzend Sardinen pro Person.

Für 4 Personen also:
40–50 Sardinen
1 Bund Petersilie
4 Knoblauchzehen
Paniermehl
Salz
1 Zitrone

Die Sardinen waschen, mit Küchenkrepp trocknen, salzen und schön gleichmäßig in einen *Tian* legen. In den auf 240 Grad vorgeheizten Ofen schieben. Etwa 10 Minuten garen.
In der Zwischenzeit Petersilie und Knoblauch kleinhacken und mit 3 bis 4 Eßlöffeln Paniermehl mischen. Auf die Sardinen geben und weitere 10 Minuten bakken.
Vor dem Servieren mit dem Saft einer Zitrone übergießen.

Sardines grillées

Sardines grillées
Gegrillte Sardinen

Wer den Geschmack der Sardinen liebt, sollte sie einfach nur grillen.

Die Sardinen abtupfen, salzen, mit etwas Olivenöl bestreichen. In Paniermehl wälzen und 1/4 Stunde im Kamin oder auf dem Holzofengrill grillen.

So habe ich Sardinen zum ersten Mal vor vielen Jahren in Les Saintes-Maries-de-la-Mer gegessen. Eine Zigeunersippe, die am Strand ihr Lager aufgeschlagen und offenbar den ganzen Fang eines Fischers gekauft hatte, lud mich zu diesem schlichten, aber unendlich köstlichen Festmahl ein. Seitdem weiß ich frische Sardinen zu schätzen.

Rougets à la provençale
Rotbarben à la provençale

Für 4 Personen:
4 Rougets
1/4 Liter Coulis de tomates, siehe Seite 32
(oder alle Coulis-Zutaten frisch)
1 Eßlöffel Mehl
1/8 Liter Weißwein oder Fischfond
1 Zitrone

Den Coulis erhitzen und 1 Eßlöffel Mehl unterrühren. Den Weißwein oder den Fischfond zufügen. Diese Sauce in einen *Tian* geben, die Rougets hineinlegen (sie sollen etwa zur Hälfte in der Sauce liegen) und bei starker Hitze, 250 Grad, 20 Minuten backen.

Mit Zitronenscheiben servieren.

Rougets à la provençale

Poulpe à la provençale
Tintenfisch à la provençale

Für 6 Personen:
- 2 Tintenfische
- 1/8 Liter Marc de Provence oder Cognac
- 200 Gramm Speck
- 12 kleine, weiße Zwiebeln
- 6 Knoblauchzehen
- 3 Tomaten
- Olivenöl
- 0,3 Liter Weißwein

Tintenfische waschen, in kleine Stücke schneiden und zwei bis drei Stunden im Marc oder Cognac marinieren.

In einer Sauteuse den in Würfel geschnittenen Speck, die kleinen Zwiebeln und den grob zerhackten Knoblauch anbraten. Die geschälten und in Würfel geschnittenen Tomaten und die Tintenfischringe zufügen. Anbraten, mit dem Weißwein ablöschen, abschmecken. Bei sehr schwacher Hitze und mit geschlossenem Deckel mindestens zwei Stunden *»à l'estouffado«*, also nach dem gleichen Prinzip wie die Daube (siehe Seite 112), schmoren.

Poulpes auf dem Fischmarkt

Truites à la Crillon
Forellen à la Crillon

Die besten Forellen der Provence kommen aus der Fontaine de Vaucluse, und wer jemals im gleichnamigen Ort im Park des *Restaurants »Le Parc«* gesessen und in das klare, schnelle Wasser der Sorgue geblickt hat, weiß, daß es nirgendwo anders bessere Forellen geben kann. Selbst ein paar Kilometer flußabwärts in Isle-sur-la-Sourgue ist das Wasser noch so klar, daß man unentwegt Forellenpfeile vorbeischießen zu sehen glaubt.

Wie diese Forellen zuzubereiten sind, darüber gibt es keine besonderen Geheimnisse. Auch in der Provence serviert man Forellen blau oder nach der Art der Frau Müllerin…

Marius Morard erzählt jedoch eine sehr hübsche Geschichte über den Fürsten von Crillon aus Murs, die angeblich eine sehr spezielle Art der Forellenzubereitung zur Folge hatte. Ich will versuchen, sie hier nachzuerzählen:

Louis de Balbe de Berthon, Seigneur de Crillon, ein Freund Heinrichs IV., liebte nichts mehr als die Jagd. Eines Tages führten ihn seine Streifzüge nach Fontaine-de-Vaucluse. Dort bewunderte er staunend die Quelle der Sorgue und entdeckte, daß Hunderte von silbrig schimmernden Forellen vorüberschossen. Ärgerlich über seine unzureichende Ausrüstung beschloß er, sehr bald wiederzukommen, und in der Folge entdeckte er für sich eine neue Leidenschaft: das Angeln. Als er mit seinem Hofgefolge zurückkehrte, angelten sie um die Wette. Als Crillon eine außergewöhnlich große Forelle gefangen hatte, befahl er, das Unternehmen abzubrechen, denn niemand sollte einen größeren Fisch fangen als der Fürst. Doch als man sich auf den Rückweg machen wollte, entdeckte man, daß ein Mann fehlte, und zwar ein kleiner Page. Als dieser die Truppe schließlich einholte, mußte er seinem Herrn Rechenschaft darüber ablegen, was er in der Zwischenzeit getan hatte. Er erklärte, er habe sich einer viel gefährlicheren Art des Fischens gewidmet und zeigte seinem Herrn einen großen Sack voller Flußkrebse. Der Koch des Schlosses von Murs habe ihn gebeten, ein- oder zweihundert davon mitzubringen, um das Forellengericht zu seiner Vollendung zu bringen.

Was hat nun der Koch im Schloß von Murs aus den Fischen und den Flußkrebsen gemacht? Er hat die größte Forelle ausgenommen, hat aus dem Fleisch von kleinen Forellen, vermutlich mit Kräutern, die es in Murs gibt, eine Farce gemacht und die große Forelle damit gefüllt. Diese hat er mit Speck umwickelt, sie in einen *Tian* gelegt und 45 Minuten im Ofen gebacken, wobei er sie immer wieder mit Weißwein übergossen hat. Was indessen mit den Flußkrebsen geschah, wurde nicht präzise überliefert. Sie scheinen zu kleinen Pasteten verarbeitet und in Brotteig gebacken worden zu sein. Allerdings könnte ich mir auch vorstellen, daß sie *à la nage* zubereitet und in der Sauce zu dem von seinem Speck befreiten Fisch serviert wurden.

◁◁ Die Sorgue

◁ Das Emblem der Forellenfischerzunft von L'Isle-sur-la-Sorgue ist ein »Siebenzack«

Forellenangeln an der Sorgue

Les viandes

Fleischgerichte – Wild

Nach dem Schlachtfest: Reichen die Vorräte für das kommende Jahr?

Der Gemüsegarten der Provence ist so üppig, daß die Menschen mit verhältnismäßig wenig Fleisch auskommen. Dennoch wäre die Küche der Provence ohne Lamm- und ohne Hammelfleisch nicht denkbar. Aber auch das Schwein, wenn es denn schon nicht mehr zum Trüffelsuchen gebraucht wird, wird für den Kochtopf oder die Pfanne durchaus goutiert. Wie überall ist die Sitte des Schweineschlachtens im Aussterben begriffen, dennoch kann man auf manchen Höfen – bei meinen Nachbarn zum Beispiel –, großen Schlachtfesten beiwohnen, zu denen sich die ganze Verwandtschaft versammelt. Das Fleisch wird hauptsächlich zu Wurst und Pasteten verarbeitet, aber auch der Speck spielt eine wichtige Rolle, und in nahezu allen Gemüsegerichten findet er Verwendung.

Gigot d'agneau à la crème d'ail Lammkeule mit Knoblauchcreme

Beim *Gigot d'agneau* besteht die größte Kunst des Kochs zweifelsohne darin, den richtigen Metzger zu finden, dessen Kunst wiederum darin besteht, beim Bauern oder im Schlachthof die Lämmer richtig auszuwählen. Ein kleines Problem dürfte dadurch entstehen, daß es in Deutschland schwierig ist, Fleisch vom wirklich jungen Lamm zu bekommen. In Frankreich wird als Lamm das Fleisch von maximal fünf bis sechs Monate alten Tieren verkauft. In Deutschland ist auch ein einjähriges Tier noch ein Lamm, was sich natürlich in der Qualität des Fleisches, also in Geschmack, Konsistenz und Farbe bemerkbar macht. Ein Tier, das älter als fünf oder sechs Monate ist, ernährt sich längst nicht mehr ausschließlich von der Muttermilch: Es wird auf die Weide geschickt und wird somit zum *»broutard«*, zum »Graser«. Als *»agneau de lait«*, als Milchlamm, wird das Fleisch von maximal zwei bis drei Monate alten Tieren verkauft: Es ist hell wie Geflügel- oder Kalbfleisch und unbeschreiblich zart und subtil im Geschmack. Darüber hinaus kennt man in Frankreich die Bezeichnung »agneau de pays«, was dem Verbraucher garantiert, daß die Lämmer nicht aus Polen oder Irland importiert sind oder aus Zuchtanstalten stammen, sondern aus der Gegend, wo er sein Fleisch einkauft. (Eine Regel, die von Supermarktketten oftmals dadurch umgangen wird, daß die Tiere lebend importiert werden und in bestimmten Schlachthöfen das Siegel »agneau de...« erhalten; so z. B. in Sisteron in der Hochprovence, wo täglich über zweitausend Lämmer geschlachtet werden (mehr, als in der ganzen Provence gezüchtet werden können!) Der ganz besondere Geschmack der wirklich in der Provence gezüchteten Lämmer hat zwei Ursachen: das klimabedingt trockene, karge, jedoch außerordentlich aromatische Futter für die Mutterschafe und die Rasse, das hier im allgemeinen gezüchtete sogenannte Voralpenlamm, *»le préalpe«*.

Für 6 Personen:
1 Lammkeule von 1,5 bis 2 Kilo
3 Knoblauchzehen, geschält
Olivenöl
Thymian, frisch oder getrocknet
Pfeffer, Salz

Die Keule mit feinen Knoblauchscheiben spicken, mit Olivenöl und Thymian einreiben, mit Salz und Pfeffer bestreuen und in eine ofenfeste Keramikform legen.

Den Ofen auf 220 Grad vorheizen, die Keule hineinschieben und die Hitze nach etwa einer Viertelstunde auf 180 Grad herunterdrehen.

Man rechnet im allgemeinen eine Viertelstunde Bratzeit pro 500 Gramm Fleisch. Gigot darf nicht roh, muß aber im Kern noch rosa sein. Die besten Erfahrungen habe ich mit eher mäßiger Hitze und dafür etwas längerer Garzeit gemacht.

Während der Gigot im Ofen schmort, wird die Knoblauchcreme zubereitet, die dann zum Gigot serviert wird (Rezept siehe Seite 34). Bevor das Fleisch aufgeschnitten wird, sollte es ein paar Minuten ruhen, »sich entspannen« – *»se détendre«*, sagen die Provençalen, nachdem es aus dem Ofen genommen wurde.

Gigot d'agneau ist übrigens kein gewöhnlicher Sonntagsbraten: mit ihm ist stets etwas Festliches verbunden. Lammkeule ist ein Muß beim traditionellen Osteressen, so wie Pute zum traditionellen Weihnachtsessen gehört.

Gigot mariné
In Rotwein marinierte Lammkeule

Eine geschmackliche Variante zum vorhergehenden Rezept bringt eine Marinade aus Rotwein (am besten Châteauneuf-du-Pape) und Gewürzen:

Für die Marinade:
1–1,5 Liter trockener Rotwein
1 Eßlöffel Essig
1 Gl. Marc de Provence (Tresterschnaps)
1 Eßlöffel Olivenöl
2 Zwiebeln, grob zerhackt
Thymian, Lorbeer, Pfefferkörner
Für 6 Personen:
1 Lammkeule von etwa 2 Kilo
Salz Pfeffer, Olivenöl

Die Marinade mit diesen Zutaten vorbereiten. Die Keule in einen ovalen, tiefen Topf legen, die Marinade darübergießen. 12 Stunden ruhen lassen.

Die Keule abtupfen, mit Salz und Pfeffer bestreuen, mit Olivenöl einpinseln. In den vorgeheizten Ofen schieben. 30 Minuten bei 220 Grad braten, regelmäßig mit der Marinade übergießen. Die Keule umdrehen, die Hitze auf 180 Grad zurücknehmen und unter ständigem Begießen mit der Marinade weiterbraten.

Die fertige Keule aus dem Ofen nehmen und ruhen lassen. Den Bratensatz mit dem Rest der Marinade lösen und zu einer Sauce verarbeiten, die getrennt serviert wird.

Nach alter Tradition wird Gigot mit »flageolets«, kleinen grünen Bohnenkernen, serviert. Aber auch ein Kartoffelgratin schmeckt vorzüglich dazu (je dünner die Kartoffelschicht, desto besser!).

Pieds et paquets à la marseillaise »Füßchen und Päckchen« nach Marseiller Art

Die Zubereitung dieses Gerichtes ist so langwierig, daß es kaum noch jemand gibt, der es selbst macht. Ich kenne nur eine einzige Frau – eine leidenschaftliche Köchin allerdings –, der es niemals einfallen würde, die *Pieds et paquets* schon »gewickelt« oder gar als Fertiggericht beim Metzger zu kaufen. Aber nicht nur die Vorbereitungen sind langwierig, auch das Garen erfordert unendlich viel Geduld: 7 Stunden mindestens, besser noch 8, sollten diese kleinen Köstlichkeiten auf dem Feuer bzw. auf der Herdplatte verweilen!

Für 6 Personen:
1 Kilo Schafskutteln
100 Gramm durchwachsener Speck
4 Knoblauchzehen
100 Gramm Schafsdarm
6 Schafsfüße
100 Gramm fetter Speck
2 Zwiebeln
250 Gramm Karotten
200 Gramm Tomaten oder
8 Eßlöffel Tomaten-Coulis
1 Stange Lauch
1 Gewürznelke
Muskat
1 Bouquet garni
1/4 Liter Weißwein
Petersilie
Pfeffer, Salz
1 Gläschen Pastis

Die Kutteln sorgfältig waschen und in sechs Vierecke (etwa 7 mal 7 cm) schneiden. Jedes Viereck wird an einer Ecke so eingeschnitten, daß ein Päckchen entsteht, wenn die drei anderen Ecken durch den Einschnitt gezogen werden.

Füllung:
Den durchwachsenen Speck würfeln, den Knoblauch hacken (etwas zurückbehalten), den Darm (den man auch weglassen kann) in kleine Stückchen schneiden. Mischen und würzen. In die Vierecke füllen.
Die Schafsfüße über einer Flamme abbrennen und anschließend in Salzwasser blanchieren.
In einem Topf, möglichst in einem irdenen, feuerfesten, den gewürfelten, fetten Speck auslassen. Die feingehackten Zwiebeln, die klein geschnittenen Karotten, die gehäuteten und entkernten Tomaten, die in schmale Ringe geschnittene Lauchstange darin andüsten, bis alles ein wenig Farbe bekommt. Die Füße in den Topf legen, darüber die Kuttelpäckchen plazieren. Gewürznelke, Muskatnuß, Bouquet garni, den Rest Knoblauch hinzufügen und mit Weißwein ablöschen. Mit Wasser auffüllen. Salzen, pfeffern, mit einem mit Wasser gefüllten Suppenteller zudecken und mindestens 7 Stunden ganz leise kochen lassen. Zum Schluß mit einem Gläschen Pastis abschmecken.

In seinem »Manuel complet de la cuisinière provençale« bietet *Marius Morard* eine Variante des *Pieds et paquets*-Rezeptes an, die er »Paquets succulents« nennt. Die Zubereitung ist die gleiche, der Unterschied besteht in der Füllung: Der magere Speck wird mit 100 Gramm gehackten, frischen Trüffeln und 50 Gramm gewürfeltem Schinken gemischt. Bon appétit!

Caillettes aux herbes
Fleischküchlein mit Kräutern

Für 10–12 Personen:
1 Kilo Spinat
1 Kilo Mangold
3 Kopfsalat
1 Bund Petersilie
1 Crépine (Fettnetz vom Schwein)
500 Gramm Hackfleisch vom Schwein
500 Gramm gehackte Schweineleber
300 Gramm gehackter durchwachsener Speck
100 Gramm durchwachsener Speck in Scheiben
Pfeffer, Salz
Muskat
2 Eier
0,05 Liter Cognac
1 Zweig Salbei
0,2 Liter trockener Weißwein

Spinat, Mangold und Salat waschen und jeweils nur das Grüne aufbewahren. Das Grünzeug in einem großen Topf mit kochendem Wasser kurz blanchieren und abtropfen lassen. Mit einem Wiegemesser kleinhacken. Petersilie waschen und ebenfalls hacken. Alles gehackte Gemüse in eine große Schüssel geben. Das gewässerte Schweinenetz ausziehen. Die verschiedenen gehackten Fleischsorten zum Gemüse geben. Pfeffer, Salz, Muskat, Cognac und Eier zufügen und sorgfältig mischen. Aus dieser Masse mittelgroße Kugeln (120–150 Gramm) formen. Den restlichen Speck in Würfel schneiden und in jede Fleischkugel ein paar Speckwürfel hineindrücken. Danach in ein Stück Fettnetz wickeln und ein wenig flach drükken. Jeweils 1–2 Salbeiblätter unter das Netz schieben. Die *Caillettes* nebeneinander in einen *Tian* legen, mit dem Weißwein übergießen und in den auf 240 Grad vorgeheizten Ofen schieben.
Nach 1/4 Stunde Bratzeit die Hitze auf 170 Grad zurücknehmen und eine Stunde weiterbraten. Falls nötig während der Bratzeit mit etwas Wasser übergießen.

Caillettes kann man warm oder kalt essen. Ein Püree aus Kichererbsen schmeckt dazu hervorragend.

Boeuf en daube

Ursprünglich ist »la daube« kein Gericht; der Begriff bezieht sich vielmehr auf eine bestimmte Art der Zubereitung, ein sehr langes Schmoren mit bestimmten Ingredienzen in einem hermetisch verschließbaren irdenen Topf: *la daubière*. Es kann also sehr wohl auch Lamm oder Hammel *»en daube«* zubereitet werden. Das traditionelle Gericht enthält jedoch nur Rindfleisch.

Für 8 Personen:
2 Kilo Rindfleisch (»galinette« oder »paleron«, d. h. Oberschale oder Bug), in mittelgroße Würfel geschnitten
Olivenöl
4 Knoblauchzehen
2–3 Zwiebeln
200 Gramm grüner Speck, gewürfelt
Marinade:
3 Lorbeerblätter
3 Gewürznelken
1 Stückchen getrocknete Orangenschale
1 Stückchen Sternanis
1 Flasche kräftiger Rotwein (etwa Gigondas oder Châteauneuf-du-Pape)
Pfeffer, Salz
100–200 Gramm entkernte schwarze Oliven

Wie bei so vielen sogenannten echten provençalischen Gerichten gehen auch bei der Daube die Meinungen sehr auseinander. In zwei Punkten jedoch sind sich die Koryphäen des 19. Jahrhunderts einig: Das Gefäß, in dem das Gericht entsteht, sollte aus Ton sein, auf jeden Fall sollte es einen schweren, vertieften Deckel haben, in den man während des Garens Wasser zur Verdunstung füllt. Zum anderen sollte das Gericht spätestens am Vorabend über das nicht mehr allzu heiße Feuer in den Kamin gehängt werden, um am anderen Mittag gar zu sein.
Auch wenn die zweite Bedingung heute nur noch schwer zu erfüllen ist, so sollte man die Hoffnung nicht aufgeben, selbst auf einem Gas- oder einem Elektroherd eine gute Daube zustande zu bringen. Allerdings sollte sie auch dann noch mindestens 4, besser 5 Stunden garen. Und im übrigen wird das Fleisch sehr viel mürber, wenn es zuvor einige Stunden oder auch über Nacht mit den verschiedenen Gewürzen (Knoblauch, Lorbeerblätter, Gewürznelke, Orangenschale, Anis) in Rotwein mariniert wird.
Das Olivenöl in der *Daubière* sanft erhitzen, die grob zerkleinerten Zwiebeln und den gehackten Knoblauch langsam darin andünsten. Die Speckwürfel gegebenenfalls entsalzen (kurz überbrühen!) und dann mit dem abgetropften marinierten Fleisch kurz anbraten. Das Ganze mit der Marinade übergießen, salzen und pfeffern. Den schweren Deckel auf die Daubière legen und mit Wasser füllen. Je langsamer und länger die Daube gart, desto weicher wird das Fleisch. Wenn es bereits auf der Zunge zergeht, werden die entkernten Oliven hinzugefügt, die noch etwa 15 bis 20 Minuten mitköcheln.

Am besten schmeckt die Daube mit frischen Nudeln. Sie kann aber auch mit Polenta oder Kartoffeln serviert werden.

Die Zutaten für die Daube ▷

Boeuf à la gardiane
Rindfleischtopf aus der Camargue

Dieses Gericht stammt aus der Camargue und ist eigentlich eine veränderte Daube: eine Art Gulasch, wie es die *Gardians*, die berittenen Viehhirten der Camargue zubereiten. Zu einer *Gardiane* wird auch das Stierfleisch verwendet, das nach den großen Stierkämpfen in Arles oder in Nîmes in den Metzgereien verkauft wird.

Für 6 Personen:
1,2 Kilo Rindfleisch (Oberschale, Schulter, Bug oder Schwanzstück)
250 Gramm durchwachsener Speck samt Schwarte
2 Zwiebeln
6 Karotten
4 Knoblauchzehen
Olivenöl
1 Gewürznelke
1 Stückchen Orangenschale
1 Bouquet garni
0,3 Liter Rotwein
0,05 Liter Cognac
Pfeffer, Salz
500 Gramm Tomaten
150 Gramm schwarze oder grüne Oliven
500 Gramm Kartoffeln

Rindfleisch und Speck in Würfel, Schwarte in Stücke schneiden. Zwiebeln und Knoblauch schälen und kleinhacken. Karotten in Scheiben schneiden. Speckwürfel und danach Fleischwürfel in Olivenöl anbraten. Speckschwarte, das kleingeschnittene Gemüse, Gewürznelke, Orangenschale und Bouquet garni zufügen. Mit Pfeffer und Salz würzen, mit dem Wein und dem Cognac übergießen. Zudecken und etwa 3 Stunden schmoren lassen.

Tomaten und Oliven in kochendes Wasser geben. Tomaten abziehen, halbieren, entkernen und kleinschneiden. Tomaten und Oliven zum Fleisch geben und weitere 30 Minuten schmoren.
Kartoffeln können mitgeschmort oder getrennt gekocht und erst zum Schluß hinzugefügt werden.
Noch besser schmeckt die *Gardiane*, wenn das Fleisch am Vorabend in eine Marinade aus Wein, Cognac und Kräutern gelegt wird.

Daube de mouton
Daube vom Hammel

Für 6–8 Personen:
1,5 Kilo Hammelfleisch (Schulter, Hals)
2–3 Zwiebeln
400 Gramm Karotten
8 Knoblauchzehen
1 Lorbeerblatt
1 Gewürznelke
Thymian, Rosmarin
1 Stückchen Orangenschale
1/4 Liter Weißwein
150 Gramm durchwachsener Speck
5 Eßlöffel Olivenöl

Das Hammelfleisch in mittelgroße Würfel schneiden und einen halben Tag zusammen mit dem grob zerkleinerten Gemüse und den Gewürzen im Weißwein marinieren.
In einer *Daubière* den gewürfelten Speck in Olivenöl anbraten, die Hammelstücke mit Küchenkrepp abtupfen und zugeben. Wenn das Fleisch leicht gebräunt ist, mit der Marinade übergießen und zum Kochen bringen. Die Hitze zurücknehmen und langsam schmoren: je länger, desto besser, mindestens jedoch drei Stunden.
Auch mit Rotwein zubereitet schmeckt Hammel-Daube vorzüglich!

Alouettes sans têtes »Drosseln ohne Kopf« Rindsrouladen, auch paquetoun de biou – Rindspäckchen – genannt

Für 8 Personen:
8 Scheiben Rindfleisch (Nuß), hauchdünn geschnitten
150 Gramm durchwachsener Speck
2 Knoblauchzehen
Pfeffer, Salz
1 Bund Petersilie
Olivenöl
1 Zwiebel
1 Karotte
0,2 Liter trockener Weißwein
1 Lorbeerblatt
1 Zweig Thymian

Die dünnen Fleischscheiben so beschneiden, daß gleichmäßige Vierecke entstehen. Die Abschnitte und den Speck durch den Fleischwolf drehen. Den im Mörser zerdrückten Knoblauch, Pfeffer, Salz und die klein gehackte Petersilie dem Gehackten beimengen. Die Rindfleischscheiben mit Pfeffer und Salz bestreuen und mit der Hackmasse bestreichen. Zu Rouladen wickeln und zusammenbinden.
In einer Pfanne etwas Olivenöl erhitzen, die Zwiebel und die in dünne Scheiben geschnittene Karotte andünsten. Die Rouladen anbraten. Mit dem Weißwein ablöschen. Lorbeerblatt und Thymianzweig hinzufügen, zudecken und bei mäßiger Hitze eine Stunde schmoren lassen. Zum Schluß noch ein 1/4 Stunde in den heißen Ofen schieben und mehrfach mit dem Bratenjus übergießen (falls nötig noch etwas Weißwein zugießen). Vor dem Servieren kann man die Sauce durch ein Sieb streichen und mit etwas Crème fraîche binden.

Paquetoùn de counieù – »Kaninchen in Päckchen« – auch lapin en république – Kaninchen »republikanisch«

Für 6 Personen:
1 Kilo Tomaten oder 1/2 Liter Tomatencoulis (siehe Seite 32)
1 Zwiebel
5 Knoblauchzehen
Thymian, Rosmarin, Sarriette*, Serpolet*
1 mittelgroßes Kaninchen
250 Gramm Speck, in dünne Scheiben geschnitten
Olivenöl
Pfeffer, Salz

Die Tomaten schälen, entkernen, in kleine Stücke schneiden und mit der gehackten Zwiebel, etwas Knoblauch und Kräutern in Olivenöl dünsten.
Das Kaninchen zerlegen und in möglichst gleichmäßige Stücke schneiden. Mit Pfeffer und Salz bestreuen, mit Olivenöl bepinseln, in den gemischten Kräutern wälzen. Jedes einzelne Stück mit einem Scheibchen Knoblauch in eine Speckscheibe wickeln und zusammenbinden.
Den Boden eines *Tian* mit den gedünsteten Tomaten oder dem Coulis bedecken. Die Päckchen darauflegen und bei 200–220 Grad 45 Minuten im Ofen braten.

* siehe Glossar

Schnepfenjagd

◁ Boules-Spieler in Valréas

Civet de lièvre à la façon de Jacqueline
Jacquelines Hasenpfeffer

Fau pas faïre un civiè avan d'ave tua la lèbre« – »Man soll keinen Hasenpfeffer machen, ehe man den Hasen erlegt hat«, sagt das Sprichwort. Gemeint ist, man solle das Pferd nicht beim Schwanz aufzäumen. Aber selbst wenn der Hase bereits geschossen wurde, sollte man noch ein paar Tage warten und ihn gut abhängen, bis man mit der Zubereitung des Hasenpfeffers beginnt.

Für die Marinade:
1 Liter Rotwein (Côtes du Ventoux)
1 Karotte
1 Stengel Bleichsellerie
1 Zwiebel
1 Gewürznelke
2 Knoblauchzehen
0,1 Liter Weinessig
0,05 Liter Marc
1 Bouquet garni
3 Eßlöffel Olivenöl
Pfefferkörner
Salz

Für 6–8 Personen:
1 Hase samt Blut
150 Gramm durchwachsener Speck
1 1/2– 2 Liter Marinade
3 Eßlöffel Olivenöl
1 Zwiebel
Thymian, Sarriette*, Rosmarin
1 Eßlöffel Mehl

Das Gemüse für die Marinade waschen, putzen und in kleine Stücke schneiden. Mit Wein übergießen und mit allen weiteren Ingredienzen mischen.
Den Hasen zerteilen, den Speck in Würfel schneiden und alles zusammen in einer großen Schüssel mit der Marinade übergießen. 48 Stunden in der Marinade liegen lassen, hin und wieder das Fleisch wenden.
Die Fleischstücke aus der Marinade nehmen, abtropfen lassen und in einem großen gußeisernen Topf in etwas Olivenöl anbraten.
Zwiebel grob zerhacken und in einer anderen Pfanne mit dem Thymian, der Sarriette und dem Rosmarin in etwas Olivenöl andünsten. Inhalt der Pfanne zu dem Fleisch geben, alles mit der durchgesiebten Marinade übergießen. Etwa 2 1/4 Stunden bei geschlossenem Deckel schmoren lassen.
Die Sauce mit einem Eßlöffel Mehl binden und im letzten Augenblick das aufbewahrte Blut des Hasen einrühren. Dabei darf die Sauce nicht mehr kochen, sonst gerinnt das Blut.

Lapin de garrigue à la sarriette
Wildkaninchen in Sarriette

In der Garrigue ernähren sich die Wildkaninchen im wesentlichen von den Pflanzen, die wir als »Kräuter der Provence« bezeichnen und verwenden. Man braucht also nicht viel Phantasie, um zu verstehen, warum die kleinen Tiere so begehrt sind – ihres besonderen Geschmacks wegen, natürlich.

Für 3 Personen:
1 Wildkaninchen
1 Zwiebel
3 Knoblauchzehen
2–3 Karotten
4 Eßlöffel Olivenöl
1 Strauß frische oder 2 Eßlöffel getrocknete Sarriette*
Pfeffer, Salz
1 Glas trockener Weißwein

Das gut abgehangene Wildkaninchen in Stücke zerteilen. Zwiebel und Knoblauchzehen kleinhacken, die Karotten in kleine Stücke schneiden, das Ganze in etwas Olivenöl andünsten. Fleischstücke anbraten, Sarriette, Pfeffer und Salz zufügen, mit dem Weißwein übergießen und bei sanfter Hitze etwa zwei Stunden schmoren lassen.

Zum Schluß noch einmal abschmecken.

Mit frischen Nudeln oder neuen Kartoffeln servieren.

* siehe Glossar

Daube de sanglier grand-mère
Großmutters Wildschweinpfeffer

Für 5–6 Personen:
1 Kilo Wildschwein (ohne Knochen)
150 Gramm durchwachsener Speck
2 Eßlöffel Olivenöl
2 Eßlöffel Mehl
0,1 Liter Blut
1,5 Liter Marinade

Im Prinzip wird die Wildschwein-Daube genauso zubereitet wie der Hasenpfeffer. Die Marinade kann jedoch eine etwas kräftigere, gekochte sein, die heiß über die Fleischstücke und die Speckwürfel gegossen wird und somit schneller eindringt.

Für die heiße Marinade:
3 Eßlöffel Olivenöl
3 Zwiebeln
6 Knoblauchzehen
2 Karotten
1 kleine Stange Lauch
2 Stengel Bleichsellerie
1,5 Liter Rotwein (Côtes du Ventoux, Côtes du Rhône)
1 Bouquet garni aus Petersilie, Thymian und Lorbeerblatt
0,05 Liter Marc (Tresterschnaps)
Salz
grob zerstoßener Pfeffer

Die klein gehackten Zwiebeln und Knoblauchzehen in Olivenöl andünsten, das in sehr kleine Stücke geschnittene Gemüse hinzufügen und etwa eine Viertelstunde schmoren. Den Wein und das Bouquet garni hineingeben. Mit dem Marc flambieren und unterrühren. Abschmecken und eine halbe Stunde köcheln. So heiß wie möglich über das Fleisch gießen, das 48 Stunden in dieser Marinade liegen bleibt.
Ähnlich wie die Daube vom Hammel oder vom Rind schmeckt auch die Wildschweindaube am besten, wenn sie viele Stunden, jedoch mindestens vier, vor sich hin geschmort hat.

Le gigot de sanglier à la mode de Christiane
Wildschweinkeule, wie Christiane sie zubereitet

Eugène aus Gargas ist der leidenschaftlichste Jäger, den ich kenne. Während der Jagdsaison vergeht kein Tag, ohne daß er irgendwo in den Hügeln der Vaucluse herumzieht. Allerdings ist seine Jagdleidenschaft eine sehr eklektische, denn Eugène interessiert sich weder für Hasen noch für Vögel, schon gar nicht für die winzigen: Er schießt ausschließlich Wildschweine. 49 hat er im vergangenen Winter mit seinen Freunden erlegt und geteilt. Christiane, seine Frau, ist eine hervorragende Köchin, die zu Glanzleistungen fähig ist, wenn es um die Zubereitung eines »Gigot de sanglier« geht. Daß ich hin und wieder an entsprechenden Festivitäten teilnehmen darf, beglückt mich, und daß Christiane mir ihre Tricks verrät, ehrt mich.

Für 8 Personen:
1 Wildschweinkeule
3 Eßlöffel grobes Salz
1 Eßlöffel grob zerstoßener Pfeffer
3 Knoblauchzehen
6 Eßlöffel Olivenöl
0,05 Liter Eau de vie oder Marc
0,2 Liter Wasser
8 säuerliche Äpfel
1 Zweig Majoran

Den gut abgehangenen Gigot mit etwas Olivenöl leicht einfetten. Pfeffer und Salz mischen und mit den Händen in das Fleisch einmassieren. Die Keule mit Knoblauch spicken. Anschließend von allen Seiten in einer großen gußeisernen Sauteuse in etwas Olivenöl scharf anbraten. Öl abgießen. Den Schnaps erhitzen und über die Keule geben; flambieren, um die Bratsäfte zu lösen. Einen Spritzer Wasser dazugeben und die Sauteuse in den auf 160–170 Grad vorgeheizten Ofen schieben. Die Keule muß etwa 2 1/2 Stunden braten. Während dieser Zeit in regelmäßigen Abständen mit dem Bratsaft übergießen, falls nötig, hin und wieder etwas Wasser auffüllen.

Eine halbe Stunde vor Beendigung der Garzeit die geschälten, von ihrem Gehäuse befreiten, aber ganzen Äpfel dazugeben. Mit Salz und Pfeffer abschmekken. Wer den Geschmack von Majoran mag, kann einige Blättchen hinzufügen.

Jagd im Grand Luberon

Les volailles

Geflügel

B*écasse* (Schnepfe), *Grive* (*Roustido de grivo:* Gegrillte Drosseln), *Etourneau* (*Abodo d'estounòu:* Ragout von Staren), *Sarcelle* (Krickente, *Alouette* (*pastis de calandro:* Lerchenpastete) – und sicherlich vergesse ich eine ganze Reihe jener Vögel, die es hierzulande, ähnlich wie in Italien, immer seltener gibt, weil vom zweiten Sonntag im September an (dem traditionellen Tag der Jagderöffnung) alles, was sich in der Natur bewegt, niedergeschossen wird. Die Wachteln z. B. habe ich vergessen. »Faute de grives on mange des merles«, besagt das Sprichwort: »Hat man keine Drosseln, so ißt man auch Amseln« und meint: »In der Not frißt der Teufel Fliegen.« Letztere wiederum werden verschont – schließlich sind sie in Ermangelung eines Trüffelhundes bei der Trüffelsuche unter Umständen von Bedeutung! Spaß bzw. Ärger beiseite: Aus sicherlich verständlichen Gründen verzichte ich darauf, hier die vielen Rezepte einzubringen, in denen Singvögel und anderes Kleinfedervieh verarbeitet werden.

Poule au pot à la provençale
Suppenhuhn provençalisch

Für 6 Personen:
- 1 Suppenhuhn
- 3 Stangen Lauch
- 1 Stengel Staudensellerie
- 2 Karotten
- 2 Navets (weiße Rüben)
- 1 Knoblauchzehe
- 300 Gramm Tomaten
- 1 Bouquet garni
- 1 Prise Safran

Für die Füllung:
- 50 Gramm schwarze Oliven (Olives de Maussane)
- 150 Gramm geräucherter Speck
- 1 Hühnerleber
- 2 Schalotten
- 1 Knoblauchzehe
- 2 Stengel Petersilie
- 150 Gramm Bratwurstbrät
- 1 Ei
- Pfeffer, Salz
- Thymian
- 1 zerstoßenes Lorbeerblatt

Für die Beilage:
- 200 Gramm Reis
- 3 Eßlöffel Olivenöl
- Hühnerbouillon
- 2 Zwiebeln
- 3 reife Tomaten oder 6 Eßlöffel Coulis (siehe Seite 32)
- 100 Gramm schwarze Oliven
- Pfeffer, Salz

Füllung:
50 Gramm schwarze Oliven aus Maussane* entkernen. Den geräucherten Speck in sehr kleine Würfel schneiden. Die Leber des Huhns durch den Fleischwolf drehen. Schalotten und Knoblauch kleinhacken. Petersilie fein wiegen. Alle Zutaten (auch den Bratwurstteig, der gegebenenfalls durch gehacktes Kalbfleisch ersetzt werden kann) mischen und mit dem Ei binden. Die Gewürze zugeben und die Masse sorgfältig bearbeiten, damit die Zutaten gleichmäßig vermischt sind.
Das zuvor gerupfte und gereinigte Huhn mit dieser Masse füllen und die Öffnungen zunähen.
Lauch, Selleriestengel, Karotten, Rübchen waschen, schälen und zerkleinern. Knoblauchzehe grob zerschneiden. Tomaten schälen, vierteln und entkernen.
Das Huhn in einen großen Topf legen und mit 4 Liter kaltem Wasser zum Kochen bringen. Abschäumen, Gemüse, Knoblauch und Bouquet garni in den Topf geben. Erneut zum Kochen bringen. Abschmecken. Hitze zurücknehmen und das Huhn zwei Stunden vor sich hin kochen lassen. Safran 10 Minuten vor dem Ende der Garzeit zugeben.

Beilagen:
Den Reis in etwas Olivenöl erhitzen, mit Hühnerbouillon bedecken und bei geringer Hitze etwa 25 Minuten garen. Zwiebeln in Ringe schneiden und in einer großen Pfanne in Olivenöl goldgelb braten. Die Tomaten schälen, aufschneiden, ausdrücken, entkernen und in kleine Stücke schneiden. Zu den Zwiebeln geben, abschmecken und langsam schmoren.
Die Tomatensauce passieren, die entkernten Oliven hineingeben und alles zusammen 5 Minuten dünsten.
Den Reis in eine tiefe Schüssel geben. Das Huhn zerlegen; die Stücke und die Füllung auf dem Reis anrichten. Mit der Sauce übergießen und heiß servieren.

* siehe Ölkapitel, Seite 174

Pigeons à la fermière
Tauben nach Bäuerinnenart

Für 4 Personen:
2 Tauben
4 Scheiben Speck
100 Gramm durchwachsener Speck
3 Eßlöffel Olivenöl
400 Gramm kleine junge Zwiebeln
400 Gramm kleine junge Karotten
100 Gramm Erbsen
Pfeffer, Salz

Die Tauben rupfen, ausnehmen und reinigen, Kopf und Füße abschneiden. Die Tauben mit Speck umwickeln. Den durchwachsenen Speck in Würfel schneiden und in etwas Olivenöl mit den Tauben anbraten. Die kleinen Zwiebeln und die jungen Karotten in den Topf geben und goldgelb anschmoren. Die Erbsen hinzufügen und etwa 20 Minuten bei schwacher Hitze dünsten. Pfeffer und Salz hinzufügen. Mit einem halben Liter kochendem Wasser oder falls vorhanden, Geflügelfond, übergießen und bei geschlossenem Deckel weitere 30 Minuten garen.
Die Tauben halbieren, mit dem Gemüse auf einer Platte anrichten.

Canard aux olives
Ente mit Oliven

Für 4 Personen:
1 Ente, ca. 2 Kilo
300 Gramm grüne oder schwarze Oliven
3 kleine Tomaten, 1 Bund Petersilie
2 kleine Zwiebeln, 3 Knoblauchzehen
3–5 Eßlöffel Olivenöl
1 Lorbeerblatt
1 Zweig Thymian
1 Zweig Rosmarin
1 Glas trockener Weißwein
Pfeffer, Salz

Rosette beim Täubchen-Rupfen

Zutaten vorbereiten: Oliven waschen und entkernen. Tomaten abziehen, aufschneiden, entkernen, Petersilie hacken. Zwiebeln und Knoblauch (Keim entfernen) kleinhakken. Die Ente zerteilen.
Olivenöl in einem Bräter erhitzen und die Entenstücke goldgelb anbraten. Das Fleisch herausnehmen und Zwiebeln und Knoblauch glasig anschmoren. Die Entenstücke, die Tomaten und die Kräuter dazugeben. Mit Weißwein übergießen, pfeffern, salzen. Wenn die Flüssigkeit kocht, die Oliven untermengen. Zudekken (möglichst mit einem Deckel, in den man Wasser gießen kann) und bei mäßiger Hitze 70 Minuten schmoren. Abschmecken.

Poule aux olives
Huhn mit Oliven

Gleiches Rezept wie Ente. Ein großes, eher fettes Huhn wählen!

Pigeons des Félibres
Täubchen, wie sie die Félibres* am liebsten essen

Für 6 Personen:
3 Tauben
6 Scheiben Speck
Pfeffer, Salz
6 Selleriestauden (nur die Herzen)
1 Glas trockener Weißwein
400 Gramm Frühlingszwiebeln (nur das Weiße)
1 Eßlöffel Zucker
Olivenöl oder Butter

Für die Füllung:
100 Gramm Trüffel
100 Gramm mageres Kalbfleisch
100 Gramm durchwachsener Speck
Pfeffer, Salz
1 Prise Muskat
1 Eigelb

Tauben rupfen, ausnehmen und reinigen. Köpfe und Füße abschneiden.
Alle Zutaten für die Füllung, bis auf die Trüffel, am besten in den Mixer geben, damit die Mischung homogen wird. Die Trüffel bürsten und waschen und in sehr feine Scheiben schneiden. Die Trüffelscheiben vorsichtig unter die Füllung heben.
Die Tauben mit dieser Masse füllen und in Speckscheiben wickeln. Mit Pfeffer und Salz bestreuen und anbraten. Die zuvor blanchierten Herzen der Selleriestauden hinzufügen, mit Weißwein übergießen. Schmoren, bis der Weißwein eingekocht ist. Mit einem Schöpflöffel etwas Wasser übergießen, zudecken und etwa 40 Minuten garen lassen.
Inzwischen die mit wenig Zucker bestreuten Frühlingszwiebeln in Olivenöl oder Butter goldgelb anbraten. Nach etwa 15 Minuten mit etwas Wasser übergießen, um sie vom Boden der Pfanne zu lösen.
Die Tauben mit der Brust nach oben auf einer großen Platte mit den Zwiebelchen und den Sellerieherzen anrichten. Den Saft der Tauben mit dem der Zwiebeln vermengen, aufkochen und als Sauce getrennt servieren.

* Le *Félibrige*, die Gemeinschaft der Félibres, wurde 1856 von Frédéric Mistral gegründet. Zweck dieser Gruppe war und ist die Rettung und Verteidigung der provençalischen Sprache und Traditionen. Die *Félibres* – im wesentlichen provençalische Dichter und Schriftsteller – trafen und treffen sich auch heute noch regelmäßig, wobei diese Treffen meist Anlaß zu einem traditionellen provençalischen Essen sind.

Les fromages

Käse

Hergestellt werden in der Provence lediglich Schafs- und Ziegenkäse, die aus mehr oder weniger nachvollziehbaren Gründen nach dem Zweiten Weltkrieg für zwei Jahrzehnte aus der Mode gekommen waren. Seit einigen Jahren sieht man jedoch wieder häufiger Ziegenherden, und viele Bauern halten wenigstens eine oder zwei Ziegen, um ihren eigenen Bedarf decken zu können. Dementsprechend reichhaltiger ist mittlerweile auch das Käseangebot auf den Märkten.

Schafskäse wird im wesentlichen als *Brousse,* als Frischkäse angeboten.

Ziegenkäse gibt es in allen Größen, Formen und Reifestufen. Der *Picodon,* der traditionelle Ziegenkäse, ist klein und rund (etwa 6 bis 7 cm Durchmesser je nach Reife). Je älter und trockener er wird, desto kleiner und schärfer wird er auch. Auch wenn er ganz hart und verschrumpelt ist, findet er noch immer Liebhaber. Allerdings nennt man ihn inzwischen *Bouton de culotte,* »Hosenknopf«, was durchaus einleuchtend ist. Die Bezeichnung ist jedoch so hübsch – und vermutlich verkaufsfördernd –, daß einige Käsebauern nun auch frische Hosenknöpfe herstellen. Diejenigen, die Christian Soehlke den Gästen der *Auberge de la Fontaine* in Venasque anbietet, sind gerade mal einen Zentimeter (im Durchmesser) groß.

Ein besonderes Reifeverfahren von Ziegenkäse wurde in Banon in den Alpes de Haute-Provence entwickelt. Allerdings haben die Bauern von Banon es versäumt, das Verfahren und den Namen rechtzeitig zu schützen, und so werden heute in allen Supermärkten sogenannte Banons angeboten, die dem echten, ursprünglichen Banon zum Verwechseln ähnlich sehen. Ein *Banon* ist ein *Picodon,* der zur Konservierung in einen *Marc de Provence* eingetaucht und zum Reifen in ein Kastanienblatt eingewickelt und mit Bast zugebunden wird. Diese Methode verhindert nicht nur das Austrocknen, der ausgereifte Käse ist eine unübertreffliche Köstlichkeit. Ein *Banon* hat seinen richtigen Reifegrad erreicht, *»quand il s'abandonne«*, wenn er »sich hingibt«, wie die Provençalen es nennen, also wenn er beim Öffnen des Kastanienblatts »davonläuft«.

Ziegenkäseherstellung in Chantebelle bei Sivergues

Cachèio
Paste aus gemischten Käseresten

»...de ce fromage en pot qu'à le découvrir on se disait: Tiens, on a marché dans le sale!« – »...von diesem Käse im Topf, von dem man dachte, wenn man den Deckel öffnete: Aha, ich bin in Schmutz getappt!« So schildert *Jean Giono* den Cachèio, den es früher auf jedem Bauernhof gab.
»Man darf nichts Eßbares verkommen lassen«, predigten unsere Großmütter, was vermutlich leichter gesagt als getan war in einer Zeit, in der es noch keine modernen Kühlschränke gab. Im Sommer – im provençalischen allemal – haben Käsereste die unangenehme Tendenz, virulente Düfte zu verströmen. Wer sich nicht zum Wegwerfen entschließen kann, greift zum Mörser (das provençalische Verb »cacha« bedeutet zerschlagen, zerhacken, zerdrücken, zermalmen) und verarbeitet sie zu einer Paste, dem *Cachèio.* Dazu braucht man:

- Olivenöl
- einen Schuß trockenen Weißwein (Côtes du Rhône)
- mehrere Knoblauchzehen
- einen Schuß Marc de Provence (Tresterschnaps)
- Thymian
- Lorbeerblätter
- Pfefferkörner

Die so gewonnene, äußerst scharfe Paste wird in ein Glasgefäß gefüllt und frühestens nach 48 Stunden serviert. In der Zwischenzeit sollte man sie mehrfach umrühren.

Picodons marinés à l'huile d'olive
Eingelegter Ziegenkäse

- So viele Picodons, wie in das vorgesehene, verschließbare Glasgefäß hineingehen
- Knoblauch (etwa 2 Zehen für 10 Picodons)
- Rosmarin
- Thymian
- Sarriette*
- Lorbeerblätter
- gemischte Pfefferkörner
- Wachholderbeeren
- Olivenöl

Käse, Gewürze und Kräuter** in das Glasgefäß möglichst so schichten, daß die Zutaten gleichmäßig gemischt sind. Nach und nach mit Olivenöl erster Pressung auffüllen und an einem kühlen, dunklen Ort mindestens einen Monat stehen lassen. Wer's scharf mag, kann auch zwei kleine rote Pfefferschoten und Schalotten hinzufügen.
Marinierte Picodons kann man zum Salat essen. Man kann sie auch auf einer dünnen Scheibe Baguette gegrillt servieren.

* siehe Glossar
** Es kann passieren, daß die frischen Kräuter einen Gärprozeß in Gang setzen. Um dies zu verhindern, kann man entweder getrocknete Kräuter verwenden oder die frisch gepflückten 2 Minuten blanchieren.

Picodons marinés à l'huile d'olive ▷

Les desserts

Es ist erstaunlich, wie wenig variabel die provençalische Küche in bezug auf Desserts ist. Vermutlich liegt es daran, daß das Land so unendlich reich an Früchten ist: Zu jeder Jahreszeit gibt es etwas, was man nur auf den Tisch zu stellen braucht und was keine langwierige Zubereitung erfordert. Selbst im Winter gibt es Mandeln, Nüsse und Rosinen. Und die *Fruits confits,* die kandierten Früchte sind eine provençalische Tradition. Früher wurden sie, ähnlich wie Marmeladen und Gelees, in jedem Haushalt als süße Reserve für den Winter zubereitet. Heutzutage wird oft schon die Zubereitung von Quittenbrot als so langwierig empfunden, daß man lieber darauf verzichtet und auf die etwas einfachere Herstellung von Marmeladen zurückgreift.

Confiture de figues
Feigenkonfitüre

2 Kilo Feigen (gouttes d'or gelbe Feigen, da weniger süß)
1,25 Kilo Zucker
3/4 Liter Wasser
2 Zitronen

Die Feigen waschen und mit einer Nadel anstechen. In einem emaillierten oder einem kupfernen Topf den Zucker mit Wasser zu einem dicken Sirup verkochen. Feigen, Zitronensaft und geriebene Zitronenschale hinzufügen und etwa 2 bis 2 1/2 Stunden bei mäßiger Hitze köcheln. Falls erforderlich, den Schaum abschöpfen.
So heiß wie möglich in gut verschließbare Gläser (Twist off) füllen. Deckel fest zudrehen und die Gläser auf den Kopf stellen. Abkühlen lassen.

Confiture de melon et de pastèque
Marmelade von Honig- und Wassermelonen

Möglichst echte Cavaillon-Melonen (»Charentais«)
1 Wassermelone
Für je ein Kilo Fruchtfleisch (insgesamt 2 Kilo):
2,5 Kilo Zucker
2 ungespritzte Zitronen
oder 1 Zitrone und 1 Orange

Die Melonen entkernen, in kleine Stücke schneiden, mit dem Zukker, dem Zitronensaft (gegebenenfalls auch Orangensaft) und den hauchdünn abgeschälten Zitronenschalen vermischen und über Nacht stehen lassen.
Am folgenden Tag bei mäßiger Hitze etwa 2 Stunden köcheln. Diese Zeit verringert sich entsprechend, wenn Gelierzucker verwendet wird, was ich in diesem Fall vorziehe, denn dabei spare ich etwa 500 Gramm Zucker, was von Vorteil ist, weil die Melonen besonders süß sind und wenig Eigensäure besitzen.

Im Französischen ist »confiture« der Oberbegriff sowohl für eigentliche Konfitüren wie für Marmelade und Gelee.

Nougat blanc
Weißer Nougat

Nougat blanc ist als **die** Spezialität aus Montélimar weit über die Grenzen Frankreichs bekannt. Da Nougat jedoch im wesentlichen aus Mandeln und Lavendelhonig besteht, dürfte es niemanden verwundern, wenn der bessere Nougat dort hergestellt wird, wo die besten Mandeln und der schönste Lavendel wachsen: in den Hügeln der Vaucluse, und auf dem Plateau von Sault.

250 Gramm Zucker
1 Glas Wasser
300 Gramm Lavendelhonig
350 Gramm geschälte Mandeln
3 Eiweiß
100 Gramm Pistazien
Backoblaten

In einem emaillierten Topf den Zukker mit einem Glas Wasser mischen und einige Minuten lang erhitzen, um einen Sirup herzustellen.
In einem zweiten emaillierten Topf den Honig unter ständigem Rühren erhitzen. Wenn ein Tropfen heißer Honig in kaltem Wasser eine Kugel bildet, kann man unter ständigem Rühren den Inhalt der beiden Töpfe vermischen.
Die Mandeln bei mittlerer Hitze im Ofen rösten.
Die Eiweiß zu Schnee schlagen und sehr vorsichtig unter die Honig-Zucker-Mischung mengen. Die noch warmen Mandeln und die Pistazien hinzufügen und das Ganze sorgfältig mischen.
Eine flache Form mit Oblaten auslegen, die Masse daraufgeben und glattstreichen, eine weitere Schicht Oblaten darüberlegen. Ein Brett oder einen Deckel auf die Masse legen und beschweren. Abkühlen lassen. Den Nougat blanc aus der Form nehmen und in kleine Rechtecke schneiden.

Nougat noir
Mandelnougat

500 Gramm Lavendelhonig
500 Gramm ganze geschälte Mandeln
1/2 Zitrone
Oblaten

Honig in einer Kasserolle oder großen Pfanne erhitzen und unter ständigem Rühren zum Kochen bringen. Die Mandeln untermengen und so lange weiterkochen und -rühren, bis der Honig dunkelbraun wird und die Mandeln aufspringen.
Etwas abkühlen lassen, den Saft der 1/2 Zitrone unterrühren und ständig weiterrühren. Eine rechteckige Keramikform – besser natürlich eine alte Nougatform – mit Oblaten auslegen. Die lauwarme Masse darübergießen und flachstreichen. Kalt stellen. Wenn die Nougatmasse fest ist, aus der Form nehmen und in kleine Vierecke schneiden.

Calissons d'Aix
Mandelschiffchen

Die kleinen Mandelschiffchen mit dem weißen Zuckerguß sind weltweit als Spezialität von Aix en Provence bekannt. Wie einfach sie herzustellen sind, ahnt man nicht, solange man es nicht ausprobiert hat:

500 Gramm Zucker
500 Gramm feingeriebene Mandeln
1 kandierte Aprikose
3 Eßlöffel Aprikosensirup
Backoblaten (möglichst große Blätter)
2 Eiweiß
1 Prise Salz
200 Gramm Puderzucker
Butter

Die kandierte Aprikose so fein wie möglich (am besten mit dem Mixer) zerhacken. Zucker, Mandeln, Aprikose und Sirup mischen und in einen eingefetteten Topf geben. Auf kleiner Flamme mit einem Holzlöffel einige Minuten rühren; die Masse soll etwas eintrocknen, nicht karamelisieren.
Den Mandelteig schön gleichmäßig, etwa 1 cm dick, auf die Oblate streichen und abkühlen lassen.
Eiweiß mit einer Prise Salz zu Schnee schlagen, mit dem Puderzucker vermischen und wiederum sehr gleichmäßig auf den Teig streichen.
Unter ständiger Beobachtung 5 bis 10 Minuten im auf 170 Grad vorgewärmten Ofen trocknen lassen: Vorsicht! Der Teig darf nicht wirklich backen!
Abkühlen lassen und die Schiffchen ausstechen. Falls man keine entsprechende Form hat, kann man auch mit dem Messer kleine Rauten ausschneiden.

Gibassié oder Pompe à l'huile
Provençalisches Weihnachtsgebäck (fougasse)

25 Gramm Hefe
3 Eßlöffel Orangenblütenwasser oder
die abgeriebene Schale 1 Orange
700 Gramm Mehl
180 Gramm Zucker
5–6 Eßlöffel Olivenöl
1 Prise Salz

Die Hefe in dem Orangenblütenwasser auflösen.
Das Mehl in eine Teigschüssel sieben und mit dem Zucker, dem Olivenöl, dem Salz und der aufgelösten Hefe (gegebenenfalls der geriebenen Orangenschale) mischen und zu einem glatten, eher weichen Teig verkneten. Die Schüssel abdecken und den Teig mindestens 3 Stunden gehen lassen. Dann den Teig in mehrere Portionen teilen und jeweils zu einem Oval von etwa 25 cm Länge und 1 cm Dicke ausrollen.
Auf ein gefettetes Backblech legen. Mit der Messerspitze in der Mitte einen kleinen Kreis zeichnen und von diesem Kreis ausgehend etwa 5 oder 6 strahlenförmige Einschnitte in den Teig machen.
Den Backofen auf 180 Grad vorheizen und den *Gibassié* etwa 25 Minuten backen.
Dieser Kuchen ist das wichtigste der *»Treize desserts«*, die am Weihnachtsabend zum *»Gros souper«* gereicht werden. Die Santons der Krippe bringen es dem Christkind als Geschenk (siehe auch Seite 151).

Oreillettes
Gebackene Öhrchen

- 500 Gramm Mehl
- 4 Eigelb
- 150 Gramm Zucker
- 1 Eßlöffel Orangenblütenwasser oder 1 Eßlöffel Lavendelwasser
- 1 Glas Wasser
- Öl zum Ausbacken
- Puderzucker
- gemahlener Zimt

Mehl in eine große Teigschüssel schütten und in die Mitte Eigelb, Zucker, Orangenblütenwasser (oder Lavendelwasser) und etwa 1 Glas Wasser geben. Zunächst rühren, dann von Hand kneten, bis der Teig schön homogen ist. Zu einer Kugel formen und mindestens eine Stunde lang kalt stellen. Den Teig dünn auswalken (etwa 2 bis 3 Millimeter dick). In einer Friteuse Öl erhitzen. Den Teig mit einem Teigrädchen in nicht zu große Vierecke, Rechtecke oder Rhomben schneiden. Im heißen – nicht siedenden! – Öl ausbakken.

Wenn die Öhrchen sich leicht krümmen und goldgelb sind, nimmt man sie vorsichtig mit einem Sieb heraus und legt sie auf Küchenkrepp, damit möglichst viel Fett absorbiert wird. Vorsicht: Nicht allzu viele Öhrchen auf einmal backen, sonst wird es schwierig, den Prozeß in der Friteuse zu kontrollieren.

Zum Schluß mit Puderzucker und Zimt bestreuen. Die Öhrchen schmecken sowohl warm als auch kalt. Sie werden meist im Winter gebacken, vorzugsweise am Faschingsdienstag, an dem man *Oreillettes* an die Nachbarn verschenkt.

Die allerbesten Öhrchen gab es früher bei meiner Großmutter. Jetzt lasse ich mich am liebsten von meiner Nachbarin Simone beschenken. Aber auch der Weg zum Bäcker von Méounes lohnt sich.

Brassadèu – gimbeleto
Osterkringel

Dieses traditionelle Ostergebäck gibt es vor allem in der Gegend von Carpentras, wo man es auch beim Bäcker kaufen kann. Allerdings schmecken die hausgemachten Brassadèu meist sehr viel besser, vermutlich weil der Bäcker mit den Eiern sparsamer umgeht als die Hausfrau.

- 12 Eier
- 0,1 Liter Wasser
- 0,05 Liter Eau de vie
- abgeriebene Schale einer 1/2 Orange
- 1 Prise Salz
- 250 Gramm Zucker
- 125 Gramm Butter
- etwa 500 Gramm Mehl

Die Eier mit dem Wasser, dem Schnaps, der geriebenen Orangenschale und der Prise Salz kräftig schlagen. Zucker und Butter untermengen, zuletzt soviel Mehl, daß ein fester, nicht harter Teig entsteht, den man mindestens zwei Stunden ruhen läßt.

Den Teig in mittelgroße Stücke teilen, diese Stücke zu länglichen, etwa drei Zentimeter dicken Würsten rollen. Teigwürste zu armreifgroßen Ringen formen (daher der provençalische Name »brassadèu«). Teigringe in kochendem Wasser so lange pochieren, bis sie an die Oberfläche steigen. Herausnehmen und abtropfen lassen. Auf ein großes Backblech legen und im Backofen goldgelb backen.

Von oben nach unten: Navettes, croquants, macarons, oreillettes und rechts brassados ▷

Navettes provençales
Schiffchenförmige Plätzchen

750 Gramm Mehl
375 Gramm Zucker
65 Gramm Butter
1 Prise Salz
Geriebene Schale einer Zitrone
3 Eier
0,1 Liter Wasser
Orangenblütenwasser
1 Eigelb

Auf ein Kuchenbrett Mehl, Zukker, die weiche Butter, Salz, geriebene Zitronenschale, die Eier, Wasser und Orangenblütendestillat zu einem Teig kneten. Den Teig in 5 Teile teilen, jeweils eine Wurst formen. Diese Würste in 3/4 cm dicke Scheiben schneiden und jede Scheibe mit der Hand so bearbeiten, daß ein längliches Schiffchen entsteht. Diese Schiffchen einige Zentimeter voneinander entfernt auf ein eingefettetes Backblech legen und mit einem Messer in der Mitte der Länge nach einritzen. 1–2 Stunden ruhen lassen. Ein Eigelb mit etwas Wasser verrühren und die Schiffchen damit einpinseln. 25 Minuten bei mittlerer Hitze backen.

Jeder Bäcker hat sein eigenes Navette-Rezept, so wie jede Hausfrau von ihrer Großmutter ein Navette-Rezept überliefert bekommen hat. Der junge Revertigat aus Isle-sur-la-Sorgue erzählte mir, sein Rezept stamme von seinem Lehrmeister, der ihm strengstens untersagt habe, es an einen anderen als einen würdigen Lehrling weiterzugeben. Fest steht, daß er mit Orangenextrakt arbeitet. Andere verwenden Lavendeldestillat oder auch Anis, manche sogar geriebene Mandeln.

Pan-coudoun/Pain-coing
Quitten in Brotteig

Immer seltener riecht man in den Bäkkereien im Winter den fast betörenden Duft der Quitte... Immer seltener bringen die Kunden morgens beim Brotkauf ihre Quitten zum Bäcker, auf daß er ihnen am folgenden Tag jene schlichten goldbraunen Kugeln, die traditionellen *»pan-coudoun«*, liefert. Natürlich kann man auch anders vorgehen und seinen Bäcker um etwas Brotteig bitten. Belohnt wird man dadurch, daß dann das eigene Haus so duftet, wie früher jede Bäckerei...

Für 6 Personen:
6 schöne Quitten
700 Gramm Brotteig
6 Eßlöffel Zucker oder Marmelade
1 Ei, verquirlt

Die reifen Quitten waschen, abtrocknen und das Gehäuse herausstechen. (Der Trick meines Bäckers besteht darin, daß er die Quitte nur von der oberen Seite aushöhlt, so daß der Saft nicht wegfließt und der Teig nicht aufweicht.) Den Teig in sieben Teile aufteilen. Davon sechs möglichst rund ausrollen. Jeweils eine Quitte darauflegen, mit Zucker und/oder Marmelade füllen. Den Teig um die Frucht packen. Das siebente Teigstück ebenfalls ausrollen, mit einem runden Förmchen 6 kleine Kreise ausstechen und auf die Quittenpäckchen legen. Mit verquirltem Ei bestreichen. 30–40 Minuten, je nach Größe der Früchte, bei 200 Grad backen.

Statt Brotteig vom Bäcker kann man auch den Teig des *Gibassié* (siehe Seite 137) verwenden.

Pains-coings vor dem Holzofen von Christian Revertégat in Ilse-sur-la-Sorgue ▷

Vins doux et liqueurs

Obstweine und Liköre

In einem provençalischen Haushalt stehen im Schrank eine Reihe selbstgemachter Süßweine und Liköre. Sie werden als Apéritif, als Digestif und ganz allgemein als Heilmittel gegen allerlei Wehwehchen serviert. Neben den üblichen *Vins de pêche, de noix, d'orange* usw. werden natürlich auch die Kräuterweine klösterlicher Provenienz – was den Heilungseffekt sicherlich steigert – angeboten: *Liqueur de Frigolet* oder *Liqueur de Sénanque* zum Beispiel. Da die Mönche jedoch meist ihre Klöster verlassen haben, wurde das Likör-Rezept an irgendeine Spirituosenfirma verkauft. Dies wissend, ziehe ich auf jeden Fall das jeweils Hausgemachte vor. Eliane Clop hat mir übrigens ihr Pastis-Rezept bis heute nicht verraten...

Vin d'orange
Orangenwein

- 3 Liter trockener Weißwein
- 500 Gramm Zucker
- 1/2 Liter Obstschnaps
- 4 ungespritzte Orangen
- 2 Bitterorangen
- 2 ungespritzte Zitronen
- 1 Vanilleschote oder 1 Zimtstange

Wein, Zucker und Schnaps in eine große Korbflasche einfüllen. Umrühren oder heftig schütteln, und zwar mehrmals am ersten Tag. Am folgenden Tag Orangen und Zitronen waschen und in Scheiben schneiden und zusammen mit der aufgeschlitzten Vanilleschote (oder der Zimtstange) in die Korbflasche geben. 6 Wochen in einem kühlen, dunklen Raum ziehen lassen. Einmal die Woche umrühren. Danach filtern und in Flaschen abfüllen. Kühl lagern.

Vin de romarin
Rosmarinwein

- 2 Liter Rotwein (Côtes du Rhône)
- 8 Zweige frischer Rosmarin
- Schale von 2 ungespritzten Orangen
- 2 Vanilleschoten
- 1 Zimtstange
- 200 Gramm Zucker

Wein, Rosmarin, Orangenschalen, Vanille und Zimt zusammen 10 Tage ziehen lassen.
Den Zucker hinzufügen. Weitere 10 Tage ziehen lassen.
Filtern, je nach Geschmack eventuell noch etwas Zucker hinzufügen. In Flaschen abfüllen.
Rosmarinwein kann statt Portwein, *Muscat de Beaumes de Venise* oder *Vin doux de Rasteau* zu Melonen serviert werden.

Vin de noix
Walnußwein

40 grüne Walnüsse	
5 Liter Rotwein (Côtes du Rhône)	
0,5 Liter Obstschnaps	
1 Vanilleschote	
1 Zimtstange	
500 Gramm Zucker	

Am Johannistag (24. Juni) 40 grüne Walnüsse pflücken, im Mörser zerdrücken und mit 5 Litern Rotwein, 1/2 Liter Obstschnaps oder Marc, der Vanilleschote und der Zimtstange in eine große Korbflasche geben. 50 Tage ziehen lassen und öfter umrühren. Danach filtern, 500 Gramm Zucker unterrühren und in Flaschen abfüllen. Walnußwein sollte mindestens ein Jahr lagern – je älter er ist, desto besser ist er.

Vin de pêche
Pfirsichwein

Für 1 Liter trockenen Weißwein oder Rosé (z. B. Côtes du Ventoux):

- 60 Pfirsichblätter (im Herbst gepflückt)
- 1–2 Gläschen Obstschnaps oder 40%iger Alkohol
- 200 Gramm Zucker
- 1 Orange (evtl. mit 2 Gewürznelken gespickt)
- 1 Vanilleschote

Vin de Pêche setze ich jeden Herbst 4 Liter in einer großen Korbflasche mit weiter Öffnung an. Die Orange mit einer Gabel anstechen und gegebenenfalls mit Gewürznelken spicken. Alle Zutaten in die Flasche füllen. In einem dunklen, kühlen Raum 45 Tage ziehen lassen. Hin und wieder umrühren. Sorgfältig filtern (mehrfach, falls erforderlich) und in Flaschen abfüllen.

Quittenhecken wachsen in der Provence am Straßenrand

Vin de coings
Quittenwein

Für 1 Liter Rosé (Côtes de Provence):

- 60 Quittenblätter
- 1–2 Glas Obstschnaps oder 40%iger Alkohol
- 200 Gramm Zucker
- eventuell die Schale 1 Orange oder Zitrone

Wie beim Vin de pêche vorgehen. Die Zutaten in einer großen Korbflasche vermischen und mindestens 45 Tage im Dunklen ziehen lassen. Einmal die Woche umrühren. Sorgfältig filtern. In Flaschen abfüllen.

Vin de pêche
89

Campanile in Lauris ▷

Liqueur de coings
Quittenlikör

5–6 Quitten
1 Liter Marc de Provence oder 1/2 Liter reiner Alkohol
500 Gramm Zucker

Quitten waschen, abtrocknen und mit einer Reibe klein raspeln. Das geraspelte Fruchtfleisch ausdrücken. Bei einem Liter Fruchtsaft 1 Liter Marc oder 1/2 Liter reinen Alkohol und 500 Gramm Zukker hinzufügen. Umrühren und einen Monat ziehen lassen. Filtern und in Flaschen abfüllen.

Salbeisträußchen im zweckentfremdeten alten Trüffel-(Meß-)Glas

Aigo de sàuvi – Eau de sauge
Salbeilikör

1 Handvoll blühender Salbei
1 Liter Marc
1 Liter Sirup (32 Grad)

Aigo de sàuvi wird im Mai angesetzt, wenn der Salbei in voller Blüte steht. Eine Handvoll in einem Liter hochprozentigem Marc 8–10 Tage ziehen lassen. Filtern und mit einem Liter Sirup versetzen. (32 Grad auf dem Aräometer entsprechen etwa einer Mischung von 1 Liter Wasser und 1,5 Kilo Zucker.) In Flaschen abfüllen.
Wer's lieber herb mag, kann auf den Sirup verzichten und es beim Salbei-Wasser belassen. In diesem Fall muß der Salbei etwas länger ziehen, 28 Tage sagen die einen, 40 die andern.

Salbei-Wasser oder -Likör ist vor allen Dingen sehr gesund: Es soll über Schwächeanfälle hinweghelfen, aber auch Verdauungsstörungen nach allzu üppigen Mahlzeiten beheben.

Le calendrier gastronomique

Festessen und kulinarische Bräuche

»Li Prouvençau croumparien li fèsto« – »Die Provençalen würden auch noch Feste kaufen«, besagt das Sprichwort. Aber trotz dieser auch heute noch deutlich spürbaren Vorliebe haben sich von den gastronomischen Traditionen, die mit besonderen Festen verbunden sind, nur wenige – und diese häufig nur in abgewandelter Form – erhalten.

Neujahr ist in der Provence bis heute ein auf Geselligkeit ausgerichteter Tag. Man besucht sich gegenseitig, um auf das neue Jahr anzustoßen. Aber der alte Brauch der »Etrennes«, der Geschenke, die am Neujahrstag verteilt werden, hat sich auch hier wie fast überall auf Weihnachten verlagert. Was sich in manchen Familien erhalten hat ist die Sitte, an diesem Tag zum Nachtisch eine *Pompe à l'huile* (siehe Rezept Seite 137) zu essen. Immer häufiger jedoch wird der Brauch des *Gâteau des Rois,* des Dreikönigskuchens, schon auf Neujahr vorgezogen. Die ersten ringförmigen, mit kandierten Früchten aus Apt gefüllten Kuchen, die mit einer goldenen Königskrone aus Pappe verkauft werden, tauchen mittlerweile schon kurz nach Weihnachten in den Auslagen der Bäckereien und Konditoreien auf.

Le gâteau des rois

Früher gab es den Dreikönigskuchen jedoch wirklich nur zum Fest der Erscheinung des Herrn. Er wurde so geteilt, daß jeder Anwesende ein Stück erhielt und ein Stück übrigblieb. Die überzählige Portion war »la part de Dieu ou du pauvre«, der Anteil Gottes oder des Armen. In den Kuchen eingebacken war außer den bunten Früchten eine »Fève«, eine Saubohne, und wer das Stück Kuchen mit der Bohne bekam, wurde zum König der Saubohnen ernannt. Dieser wählte eine Königin, tanzte den ganzen Abend mit ihr und begleitete sie anschließend nach Hause. An einem der folgen-

◁ Aigues-Mortes

◁◁ Le Mont-Ventoux im winterlichen Gewand

den Tage mußte das Königspaar ein Essen geben, bei dem wiederum den armen Leuten Barmherzigkeit widerfuhr. Seit wann die Saubohne durch eine kleine weiße oder bunte Porzellanfigur ersetzt wurde, ist schwer zu sagen – leichter datierbar ist vermutlich die Wandlung der Porzellan- in eine Plastikfigur! Auch vom Tanzvergnügen nach dem Dreikönigsessen wissen heute nur noch wenige zu berichten. Und nur selten noch wird der »Anteil Gottes« tatsächlich zur Seite gelegt und einem Kind aus der Nachbarschaft überreicht. Vom alten Brauch übrig blieb lediglich, daß derjenige, der in seinem Stück Kuchen die kleine Figur findet, zum König ernannt und mit der Pappkrone gekrönt wird, und daß er danach »einen ausgeben« muß.

Einige Wochen später, am 2. Februar, bietet »la Chandeleur«, Mariä Lichtmeß, die Gelegenheit, süße *Crespèu,* Eierkuchen, zu essen. In Marseille werden zur Feier dieses Tages, der auch das Fest des Heiligen Viktor ist, die traditionellen *Navettes* (siehe Rezept Seite 140) gebacken. Die symbolische Schiffchen-Form dieses Gebäcks erinnert an die Gründungs- und Kulturgeschichte von Marseille und der Provence: an die Eroberung des Gebietes und die Gründung der Stadt durch die phokäischen Seeleute. Auch des legendären Schiffbruchs der Heiligen Marien, die an der provençalischen Küste in der Camargue strandeten (Les Saintes-Maries-de-la-Mer) wird mit diesem Schiffchen-Gebäck gedacht. Darüber hinaus sind diese *Navettes,* die früher ausschließlich am 2. Februar gebacken wurden, sich aber das ganze Jahr über hielten, Sinnbild der Sicherheit und des Wohlstandes; sie stehen für den Schutz Gottes gegen jegliche Hungersnot.

Wenig später, am 5. Februar, werden in Maillane, dem Geburtsort von *Frédéric Mistral,* »li pan de Santo Agueto« gebacken. Diese kleinen busenförmigen Kuchen sollen an die Legende der Heiligen Agathe erinnern, der, weil sie sich dem römischen Konsul Quintius verweigerte, die Brüste abgeschnitten wurden. Die Brüste der Agathe mögen auch als Symbol für Fruchtbarkeit und Neubeginn in der Natur gelten, denn

»Santo Agueto
empourto lou fre dins sa saqueto« –
»Die Heilige Agathe
trägt in ihrem Sack die Kälte fort.«

Vor dem Beginn der Fastenzeit wird in der Provence wie überall noch einmal tüchtig gegessen: Ein Sprichwort belegt es:

»Carnaval s'aprocho
Fau vira la brocho
Carnaval s'en vaï
Fau se mettre à l'ai.« –
»Karneval rückt näher
Die Spieße müssen sich drehen
Ist Karneval vorbei,
Dann ist Knoblauch angesagt.«

In Marseille ißt man am Karnevals-Dienstag Kutteln, *Pieds et paquets* (siehe Rezept Seite 110) und als Nachtisch *Oreillettes* (siehe Rezept Seite 138).
Ab Aschermittwoch wird jegliches Fleisch vom Tisch verbannt, und am besten läßt sich die Fastenzeit mit einem großen *Aïoli* (siehe Rezept Seite 86) einleiten.

Palmsonntag in L'Isle-sur-la-Sorgue ▷

Frühling in der Nähe von Saint-Saturnin d'Apt

Im Aussterben begriffen sind leider auch die Palmsonntagsbräuche. In einigen Familien werden an diesem Tag noch immer Kichererbsen, entweder als Suppe oder als Salat, gegessen. »Soun pas bon crestian lis outau ounte se majon pas de cese per Rampau!« – »In Häusern, in denen man an Palmsonntag keine Kichererbsen ißt, leben keine guten Christen.« Schon die Tatsache, daß diese Palmsonntagskichererbsen die Menschen das ganze Jahr über vor Furunkeln schützen sollen, macht diesen Brauch erhaltenswert... Das Kichererbsengericht steht aber auch sinnbildlich für das Ende des Winters: In der Natur leben mit dem schönen Wetter auch die Pflanzen wieder auf, also können getrost die letzten eingelagerten Hülsenfrüchte aufgegessen werden.

Unglücklicherweise ist auch der sehr malerische, farbenfrohe Brauch der geschmückten Palmwedel, die die Kinder zur Kirche bringen und weihen lassen, nahezu eingeschlafen. Kein Wunder übrigens, denn schon Papst Gregor XIII. hat gegen Ende des 16. Jahrhunderts versucht, ihn wegen seines heidnischen Ursprungs auszurotten. In einigen Städten stellen die Bäcker jedoch heute noch bunt geschmückte *»Rameaux«* her. Zwar sind die frisch geschnittenen Oliven- und Buchsbaumzweige von ehedem fast überall verschwunden; dafür schmücken heute bunte Bänder und Federn kleine Holzgestelle, an denen glitzernde Tütchen mit farbenprächtigen *Fruits confits* baumeln. Daß die auf dem flachen Lande rar gewordenen und deshalb vom Arbeitspensum her oft überforderten katholischen Priester damit nicht besonders glücklich sind, läßt sich unschwer nachvollziehen.

Nicht nur auf Fleisch, auch auf Eier wird in der Fastenzeit bis einschließlich Karsamstag verzichtet. Die Karfreitagseier jedoch, so besagt die Legende, seien von besonderer Beschaffenheit: Sie faulen nicht, sondern sie vertrocknen und werden hart wie Stein; legt man sie in den Wäscheschrank, sollen sie die Wäsche vor allen denkbaren Unbilden schützen. Die Karsamstagseier jedoch werden (oder vielmehr wurden) in der Kirche geweiht, um am Ostersonntag an die Kinder verteilt zu werden.

Zum Nachtisch am Ostersonntag werden *Brassadèu* gereicht (siehe Rezept Seite 138), ein Gebäck, in dem viele Eier verarbeitet werden, eine Art Kringel, die man wie Armreifen am Arm aufreihen kann (vom provençalischen »brassado«: ein Armvoll, alles, was man auf dem Arm tragen kann).

»Li brassadèu de Faiènço
Soun li meiour die Prouvenço« –
»Die Osterkuchen von Fayence
Sind die besten der Provence.«

Was ich allerdings bisher noch nicht selbst nachprüfen konnte, da ich selten in diese kleine Stadt im Département Var komme.

Auch der Ostermontag ist noch ein Eiertag, und kein echter Provençale darf die *Pascado,* das Omelett mit den Speckwürfeln (ein doppeltes Zeichen der abgeschlossenen Fastenzeit), auslassen (siehe Rezept Seite 55).

Pfingsten wird, vor allem in und um Marseille, von einer laut *René Jouveau,* dem großen Provence-Kenner und -Forscher, eher neueren Tradition beherrscht: der Tradition des *Colombiers,* des »Taubenschlags«. Dabei handelt es sich um einen Kuchen, in dem vor allem Mandeln und kandierte Melonen verarbeitet werden und in den eine kleine Porzellantaube eingebacken ist. Wer in seiner Portion Kuchen auf die Taube stößt, soll angeblich noch im gleichen Jahr heiraten.

Alljährlich am Pfingstmontag findet das große Festbankett des *Félibrige* statt, bei dem das Täubchen mit Trüffelfüllung kulinarischer Höhepunkt ist (Rezept und Erklärung siehe Seite 126). Die Schutzpatronin der Félibriges ist die heilige Estelle, deren Fest auf Pfingstmontag fällt, und während des Festmahls wird aus dem »*Coupo Santo*«, dem heiligen Kelch, vom besten Châteauneuf-du-Pape getrunken.

»Coupo Santo
E versanto
Vuejo à plen bord,
Vuejo a bord
Lis estrambord
E l'enavans di fort!« –
»Heiliger Kelch,
Überfließender Kelch,
Gieße dem Starken
Randvoll und in Strömen
Die Leidenschaft
Und die Kraft ein.«

Dieser Heilige Kelch, den *Mistral* besingt und dem in Miramas le Vieux sogar eine Straße gewidmet ist, wurde den Dichtern des *Félibrige* 1867 von den katalanischen Dichtern geschenkt. Die Provençalen schenkten den Katalanen einige Jahre später, 1878, das Ebenbild des silbernen *Coupo felibrenco.*

An Allerheiligen wird in der Provence die Kastaniensaison eröffnet. Die Kinder sparen an diesem Tag von ihrem Nachtisch einen kleinen Teil für die »ameto«, die Seelen der Toten im Fegefeuer auf, welche angeblich in ihre früheren Häuser zurückkehren, um sich ihren Anteil zu holen.

Ohne Fruits confits sind es zu Weihnachten nur zwölf Desserts

Weihnachten schließlich ist das Fest, an dem die kulinarischen Bräuche noch am lebendigsten erhalten sind. Am Abend des 24. Dezember findet vor der Mitternachtsmesse das irreführend *»Gros souper«* genannte Essen statt: Das *Gros souper* ist kein üppiges, sondern ein eher mageres Mahl, bei dem eine Reihe von rituellen, aber sehr einfachen Gerichten serviert werden.

In Arles, im von *Mistral* gegründeten *Museon Arlaten*, ist eine provençalische Küche nachgebaut, in der ein gedeckter Weihnachtstisch zu sehen ist. *Mistral* zu dem *Gros souper* in seinen Memoiren:

»Anstelle des Caleil (= der Lampe), das an einem Schilfrohr hing und uns während des Jahres sein Licht spendete, erstrahlten an diesem Tag drei Kerzen auf dem Tisch. Und wenn der Docht sich zufällig einem der Anwesenden zuneigte, war das ein schlechtes Omen. An jedem Tischende stand ein Teller mit jungem aufgegangenem Weizen, der am Tag der Heiligen Barbara (am 4. Dezember) zum Keimen in Wasser gelegt worden war. Auf der dreifachen Tischdecke wurden eines nach dem anderen die sakramentalen Gerichte aufgetragen: die Schnecken, die sich jeder mit einem langen Nagel aus dem Häuschen holte; der gebackene Stockfisch und die Meeräsche mit Oliven; die Gemüseartischocke, die Schwarzwurzeln, der Sellerie in *Poivrade* (scharfe Sauce, meist wird jedoch Anchoïade gereicht); das Ganze gefolgt von einem Berg von Süßigkeiten, die für diesen Tag bestimmt waren: die *Fougasse à l'huile* (auch *Gibassié* genannt, siehe Rezept Seite 137), Rosinen, Mandelnougat, Paradiesäpfel. Und das wichtigste war das große Weihnachtsbrot, von dem niemals gegessen wurde, ehe man nicht gewissenhaft dem ersten Armen, der vorbeikam, ein Viertel davon geschenkt hatte.«

Über die »sakramentalen Gerichte« sind sich die verschiedenen Quellen nicht ganz einig, wichtig scheint jedoch, daß es sieben sind, im Angedenken der sieben Wunden Christi. Der »Berg von Süßigkeiten«, den *Mistral* erwähnt, ist bis heute wichtigster Bestandteil des Weihnachtsessens. Die *»treize desserts«* werden auch in Arles im Museum genau beschrieben. Schaut man allerdings genauer hin, so stellt man fest, daß von den dreizehn nur elf genannt werden, was darauf hindeutet, daß Raum gelassen wird für regionale Eigenheiten. Der süße Spinatkuchen oder die verschiedenen Obstkuchen zum Beispiel werden nicht überall gebacken. Dafür gehören Feigen, Rosinen, Mandeln, Nüsse oder Haselnüsse, Datteln, Orangen und Mandarinen immer dazu. Die hausgemachten Süßweine werden gereicht, und die *Pompe à l'huile* wird darin eingetunkt. Beim Krippenspiel vor der Mitternachtsmesse wird dem Christkind stets auch Eßbares gebracht. Fast immer wurde ihm ein Lamm geopfert, an manchen Orten sind es auch besondere Spezialitäten, wie etwa die Forellen in Isle-sur-la-Sorgue und in Fontaine-de-Vaucluse.

Wie in vielen anderen Regionen Europas wird am Weihnachtstag ein Truthahn am

Spieß gebraten. Früher füllte man das große Federvieh mit Kalb- und Schweinefleisch und brachte es zum Braten dem Bäcker. Die Desserts an diesem Tag sind die gleichen wie am Vorabend – und wenn man es recht bedenkt, kann man nach solchen kulinarischen Exzessen gar nicht anders, als den Salbei-Likör aus dem Schrank holen und am 26. Dezember ein richtiges *Aigo boulido* essen.

St.-Martins-Markt in Salons

L'ail et les herbes de Provence

Knoblauch und Kräuter der Provence

Mit einem kleinen Exkurs über den Honig

Wer der Ansicht ist, alles, was stark nach Knoblauch riecht und schmeckt, sei provençalisch, irrt. Und um sagen zu können, man koche provençalisch, reicht es noch lange nicht aus, wahllos allen Gerichten Berge von Knoblauch – womöglich noch in Pulverform! – und haufenweise getrocknete Provence-Kräuter aus dem Supermarktgewürzgläschen zuzusetzen. Wer sich die traditionellen Rezepte ansieht, wird unschwer erkennen, daß es noch einige andere, wesentlichere Faktoren gibt.

Knoblauchernte in Lagnes

Kräuter auf dem Markt in Coustellet ▷

Dennoch steht fest, daß in den meisten Gerichten der Provence der Knoblauch eine nahezu unentbehrliche Geschmackskomponente liefert. Wer also beim Klang des Wortes Knoblauch schon die Nase rümpft, sollte lieber nicht versuchen, sich mit diesem Land anzufreunden. Wenn er allerdings von sich selbst meint, er sei nicht völlig unbelehrbar, sollte er damit beginnen, ein richtiges *Purée d'ail* oder eine *Crème d'ail* zum *Gigot d'agneau* zu kosten. Wenn sein Abscheu nicht unüberwindbar ist, wird er zugeben müssen, daß es nichts Milderes, nichts Zarteres und Bekömmlicheres gibt als eben gerade dieses. Und so wird er – es sei denn, er hat das Pech, auf eine nahezu rohe, nicht entkeimte Zehe zu beißen – nicht ernsthaft behaupten können, Knoblauch sei unverdaulich. Schließlich weiß man doch von alters her, daß Knoblauch Vampire (und wahrscheinlich auch die Tarasque) vertreibt, daß man vom vielen Knoblauchessen alt wird, daß Knoblauch Vergiftungen verhindert und Krankheiten verscheucht. »Se fai gi de ben, fai gi de mau«, sagt man hierzulande von der Knoblauchsuppe – »wenn sie nicht guttut, kann sie auch nicht schaden«. Aber das heute wieder in Mode gekommene Fasten, das seit jeher als ein gesundheitliches Regulativ anerkannt war, wird in der Provence immer mit Knoblauch in Verbindung gebracht: »Carnaval s'en vaï, fau se metre à l'ai!« – Ist Karneval vorüber, sprich: ist die Fastenzeit gekommen, muß man Knoblauch essen.

Santoline
Coriandre
Celeri
8 Frs
le pot
Persil
Estragon
Ciboulette
Menthe
Poivrée
Oseille
Marjolaine
Melisse
Sauge

Angesichts der engen Verbindung, die zwischen dem Knoblauch und der provençalischen Küche besteht – das eine ist ohne das andere nicht denkbar –, mag es erstaunen, daß jene noch nicht allzu lange währt: Erst nach der großen Pest von 1720 begann sich der Knoblauch als Gewürz durchzusetzen, und von Marseille aus trat er seinen Siegeszug an. Als bedeutender Mittelmeerhafen war Marseille ohnehin schon seit langem das Zentrum des Gewürzhandels für Europa; somit waren die Marseiller möglicherweise aufgeschlossener für kräftige oder gar strenge Geschmackskomponenten in ihrer Nahrung. Sie sollen jedenfalls nach der großen Pestepidemie zu Beginn des 18. Jahrhunderts damit begonnen haben, ihre Gerichte mit Knoblauch zu würzen, und zwar aus medizinischen Gründen: wegen der hervorragenden Eigenschaften des Knoblauchs bei der Bekämpfung von Entzündungen, Skorbut und ansteckenden Krankheiten. In seinem provençalischen Kochbuch von 1886 berichtet *Marius Morard* übrigens, daß es Knoblauch in England damals nur als Heilmittel in Apotheken zu kaufen gab...

Nun, zum Glück gibt es ihn hier überall und das ganze Jahr über zu kaufen. Am besten duftet und schmeckt im Frühjahr und bis in den Sommer hinein der ganz junge, knackige Knoblauch, der zu dikken Zöpfen geflochten die Küche schmückt. Die große Knoblauchernte findet im Hochsommer oder Frühherbst statt; zu diesem Zeitpunkt wird auch die Knoblauchsorte geerntet, die sich besonders gut zum Überwintern eignet. Die Knollen werden zu dicken, etwa 1,5 Kilo schweren Bündeln zusammengebunden, die man paarweise an einer Schnur befestigt und zum Lagern in einem trockenen, kühlen Raum über einen Balken hängt. Auf diese Weise hält sich der Knoblauch bis in den Mai hinein.

So wie in vielen Winzerdörfern Europas einmal im Jahr ein großes Weinfest gefeiert wird, gibt es in Piolenc, das im Norden des Départements Vaucluse an der Route Nationale 7 liegt, jedes Jahr am ersten Sonntag im August ein großes Knoblauchfest. Mit dicken Knoblauchsträußen und -zöpfen geschmückte Wagen fahren durch den Ort, es wird getanzt und geschmaust, und wer mag, kann sich an diesem Tag natürlich fürs ganze Jahr mit Knoblauch eindecken.

Will man sich auch fürs ganze Jahr einen Vorrat an Kräutern der Provence anlegen, so sollte man sie im Frühjahr, am besten im April pflücken, wenn sie junge, saftige Triebe haben: dann sind sie am aromatischsten. Sie fertig getrocknet in kleinen Stoffsäkken oder Gewürzgläschen zu kaufen halte ich nur für sinnvoll, wenn einem das Bücken schwerfällt oder man wirklich keine Gelegenheit hat, sie selbst zu pflükken, denn getrocknete Kräuter verlieren ihr Aroma und zugleich ihre heilenden Eigenschaften viel schneller, als man denkt – länger als ein Jahr sollte man sie auf keinen Fall aufbewahren –, und wer kann schon nachprüfen, wann der Inhalt der Gewürzgläser gepflückt wurde? Wer immer in die Provence kommt, braucht sich ja nur zu bedienen...

Bevor die Frage der sogenannten oder auch echten *Herbes de Provence* erörtert wird, sollte geklärt werden, was das in so vielen Rezepten erwähnte *Bouquet garni* eigentlich darstellt. Dieses Sträußchen – etwa das Pendant zum deutschen Suppengrün – besteht in der Provence immer aus einem Lorbeerblatt, zwei oder drei Petersilienzweigen, einem Thymian- und einem Rosmarinzweig. Wenn noch ein weiterer Geschmacksspender hinzugefügt werden soll, wird dies extra erwähnt.

Dieses Sträußchen wird mit einem Faden zusammengebunden und nach Beendigung des Kochprozesses aus dem Gericht entfernt.

Aber was sind nun eigentlich *Herbes de Provence?* Genau genommen sind alle Küchenkräuter, die hier wild wachsen, Herbes de Provence. Aber die Mischung, die man im Winter in getrockneter Form verwendet, besteht lediglich aus Thymian, Rosmarin, Basilikum und Majoran. Dies bestätigten mir unlängst *René* und *Jeannine Techer,* die Inhaber der *Herboristerie Provence Vie et Santé* in Lagnes. Allerdings erklärten sie mir auch, daß die Mischung *»à l'ancienne«* durchaus auch Lorbeer, Lavendel, Muskatnuß, Gewürznelke, Pfeffer und Koriander, und zwar in grob gemahlener Form, enthalten kann.

Thymian in verschiedenen Variationen (besonders köstlich duftet der *Thym citroné*) und *Rosmarin* wachsen wirklich überall in der *Garrigue.* Bei der *Sarriette* und dem *Majoran* muß man etwas genau hinsehen, aber sehr schwierig ist es nicht, sie zu finden.

Was aber wächst außer diesen klassischen *Herbes de Provence* noch an Kräutern oder Gewürzen hierzulande? Einen winterlichen Spaziergang durch die Garrigue nutze ich immer, um meine Wacholderbeer-Vorräte aufzufüllen. Allerdings sollte man die Wacholderbeeren nicht mit den dickeren, bräunlichen Beeren der Kade verwechseln (die ölhaltig sind und in der Naturkosmetik Verwendung finden).

Früher gab es in der unmittelbaren Nähe eines jeden großen Bauernhofes einen Lorbeerbaum. In meinem Dorf stehen heute meines Wissens nur noch zwei jener Prachtexemplare, und es ist ein ungeschriebenes Gesetz, daß jeder Dorfbewohner sich hin und wieder einen Zweig abbrechen kann.

Wild oder halbwild wächst hier auch Salbei, der im Mai an manchen Stellen schöne blaue Teppiche bildet. An den unerwartetsten Stellen – unter einer Eiche, am Rande eines Weinbergs zum Beispiel – findet man auch wilde Petersilie. Aber Vorsicht! Wilde Petersilie hat viel Ähnlichkeit mit dem Schierling – nur der Geruch trügt nicht. Petersilie spielt übrigens, und dies mag den Nicht-Provençalen erstaunen, unter allen Küchenkräutern wohl die bedeutendste Rolle. »Ohne Olivenöl, ohne Knoblauch und ohne Petersilie gibt es keine Cuisine provençale«, pflegt Elise zu sagen. Selbst Fischgerichte würzt man hier viel eher mit Petersilie als zum Beispiel mit Dill. Dill ist verhältnismäßig ungebräuchlich und wird häufig mit wildem Fenchel verwechselt.

Sarrietteblüte

In allen Gärten der Provence wird jedoch Basilikum gezogen – denn eine *Soupe au Pistou* (Rezept siehe Seite 40) steht im Sommer mindestens einmal die Woche auf dem Speiseplan. Wer keinen Garten hat, stellt sich zumindest ein paar Blumentöpfe mit kugelrunden, straußförmigen Basilikumpflanzen auf die Fensterbank. Man verwendet es, ähnlich wie in Italien, im *Coulis de Tomates* (Rezept siehe Seite 32) und zum Tomatensalat.

Lavendelfeld in Les Mées ▷

Vom Lavendel wird in der provençalischen Küche wenig Gebrauch gemacht, und wenn, dann nur von den Blättern (z. B. zum Lammbraten). Die Essenz bzw. die verschiedenartigen Lavendeldestillate, werden manchmal beim Backen verwendet; allerdings ist dabei größte Vorsicht angeraten, denn ein Tropfen zuviel macht die ganze Kuchen- oder Plätzchenpracht ungenießbar.

Eine Reihe von Kräutern werden ausschließlich zu Heilzwecken bzw. zum Konsum in Form von Tee gezogen. So z. B. *Verveine* (Eisenkraut) und Melisse, *Menthe verte* (Minze) und *Menthe poivrée* (Pfefferminze). Frische Minze wird im Sommer zu Fruchtsalaten, zuweilen auch zur Melone oder zum Sorbet verwendet. *Infusion*, Kräutertee, wird in Frankreich ganz allgemein, besonders aber in der Provence, viel und gern getrunken, was den Ausländer, für den Frankreich das Land des Weines schlechthin ist, immer verblüfft. Alle möglichen Kräuter finden Anhänger, wenn sie als Tee zubereitet werden. Salbei, Thymian, Rosmarin, und sogar Mohnblumen (nicht aber Hagebutten) werden als Tee getrunken.

Aus Gründen des Temperaturausgleiches steht vor der Südfassade der alten provençalischen Bauernhäuser immer eine Reihe von großen Laubbäumen: Im Sommer spenden sie Schatten, im Winter sind sie kahl, so daß viel Licht durch die aus klimatischen Gründen immer sehr kleinen Fenster ins Haus fällt. Unter diesen Bäumen befindet sich immer mindestens eine Linde. Ihre Blüten werden geerntet und ebenfalls zur Verwendung als Tee getrocknet. *»La capitale du tilleul«*, die Hauptstadt der Lindenblüten ist übrigens Buis-les-Baronnies, wo alljährlich am ersten Mittwoch im Juli eine große *»Foire au tilleul«* stattfindet, zu der sich Großeinkäufer aus aller Welt einfinden.

Lindenblütenernte in Saint-Trinit

◁ Lindenblütenmarkt in Villefranche-le-Château

Imker bei der Arbeit △

Lavendelernte △△

Es mag zunächst unpassend erscheinen, wenn in diesem Rahmen auch vom provençalischen Honig die Rede ist. Aber jedermann weiß, daß Honig sehr viel mit Kräutern, und zwar den blühenden, zu tun hat. Der berühmteste provençalische Honig, ist der in aller Welt bekannte Lavendelhonig, dessen hellblonde Farbe und spezifischer Duft den Kenner von Gebirgs- und Tannenhonig zunächst verwirren mögen. Der meiste Lavendel wird auf den kargen Hochebenen der Nord- und der Hochprovence angebaut – die schönsten Lavendelfelder bewundert man auf dem Plateau de Sault –, und dort wird man fast immer auch in langen Reihen, im rechten Winkel zu den Lavendelreihen, die würfelförmigen Bienenstöcke stehen sehen, die von weitem wie Bau-

Lavendelfeld in Barret-de-Lioure

klötzchen wirken. Viele Imker, die weiter unten in den Tälern leben, praktizieren mit ihren Bienenstöcken eine sogenannte *Transhumance*, eine Wanderimkerei, das heißt, daß sie in gewissen Zeitabständen, abhängig von den Blütenperioden der Pflanzen, den Standort der Bienenstöcke wechseln, was immer in der Nacht geschehen muß, damit die Schwärme nicht dezimiert werden. So produziert ein Bienenstock nacheinander verschiedene Honigsorten, mal dunklen Eichenhonig, mal Thymianhonig, im Hochsommer dann den ganz hellen Lavendelhonig.

Der einfachste, preiswerteste Honig ist der *»toutes fleurs«* oder *»mille fleurs«*. Ihn sammeln die Bienen von den unzähligen verschiedenen Blüten der Garrigue, die eine Klassifizierung des Honigs nach Herkunft nicht mehr zulassen. Dieser Honig ist etwas dunkler als der Lavendelhonig, aber ebenfalls sehr süß und sehr aromatisch. Meist kommt er mit der Bezeichnung *»Miel de Provence«* in den Handel.

Wenn ich nach einer Reise *»chez les étrangers«*, zu den Fremden, wieder zurückkomme in die Provence, so könnte man mir die Augen verbinden: Selbst im Auspuff- und Benzingestank der Autoroute du soleil gelänge es mir, den Moment zu bestimmen, wo ich wieder daheim bin – *les odeurs de la Provence*, der Duft ihrer Kräuter, würde es mir verraten.

L'olivier – Les olives – L'huile

Der Ölbaum – Die Oliven – Das Öl

»Einst machten sich die Bäume auf, um sich einen König zu salben, und sie sagten zum Ölbaum: Sei du unser König!« Jothams Fabel, Buch der Richter, 9,8–15.

Über die Bedeutung des Olivenöls für den Provençalen und seine Küche ist viel Tinte geflossen, sie wurde illustriert anhand von tausend Beispielen und Anekdoten, aber ein Spruch, den *Jean Pagnol* in seinem Buch über den Ölbaum zitiert, scheint mir geradezu symptomatisch:
»Nautri li bon Provençau, au suffragé universaù, voutaren per l'òli et faren l'aiòli.« Woher dieser Spruch stammt, sagt er nicht, aber historisch ist er, wie mir scheint, ziemlich leicht datierbar: »Wir guten Provençalen, wir werden bei der Einführung des allgemeinen Wahlrechts für das Öl stimmen und Aïoli machen...«
Für den historisch Unkundigen: Das allgemeine Wahlrecht wurde in Frankreich im Zuge der Revolution mit der Verfassung vom 24. Juni 1793 eingeführt – allerdings nur für die Männer! Also haben die Männer für das Öl gestimmt und die Frauen haben Aïoli gerührt.
Ebenso bezeichnend, wenngleich auf einer ganz anderen Ebene, ist meines Erachtens die Wendung: »Es dins lis oulivié« für jemanden, der gedankenverloren seinen Träumen nachhängt oder der auf heiter gelassene Weise weltfremd ist: »Er ist in den Ölbäumen.« Für wen wäre diese Vision nicht so etwas wie eine Idylle? Im flimmernden Licht eines glühend heißen Sommertages unter einem Ölbaum liegen und bei Zikadengesang den schweren Duft der sonnengeschwängerten Kräuter einatmen, durch die schattenspendenden Ölzweige in den tiefblauen Himmel blicken... Schließlich steht der Ölbaum ja auch für Weisheit, Ruhe, Frieden, Fülle, Glückseligkeit und langes Leben. Alle Kulturen haben ihn gewürdigt, immer wurden seine Früchte geschätzt und geehrt, und das Öl wurde zur Ernährung, aber auch als Heilmittel und zu kultischen Zwecken gebraucht. Das Rezept des Heiligen Salböls wird von Moses mit sehr präzisen Mengenangaben in Exodus 30, Vers 22–25, geliefert: Grundstoff ist »ein Hin Olivenöl« und ein Hin entspricht 6,5 Liter!
Die Bibel legt auch bereits Zeugnis ab über die Verwertung des Öls als Lichtspender: »Du aber befiehl den Israeliten, daß sie dir reines Öl aus gestoßenen Oliven für den Leuchter liefern, damit immer Licht brennt.« (Exodus 27, Verse 20–21) Aber nicht nur für längst vergangene Zeiten gilt dieser Hinweis auf die Bedeutung des Öls auch für die Beleuchtung. Bis in das 20. Jahrhundert hinein gab es in der Provence Öllampen aus Ton, aus Metall oder aus Glas.
Der Besitz von Öl war stets ein Zeichen von Reichtum, und jemand, der sein Vermögen verloren hat, hat »sein Öl ausgeschüttet«: »escampa soun òli«.

Ähnlich wie beim Wein waren es die Griechen, die für die Verbreitung des Ölbaums im ganzen Mittelmeerraum gesorgt haben, und ihnen haben die Provençalen – wie auch die Korsen und die Sarden – ihr Wissen um den Ölbaum und dessen Öl zu verdanken. Von ihnen haben sie nicht nur gelernt, wie man größere, fleischigere Früchte erhält, sondern auch, wie man besseres, reineres Öl produziert. Und die Techniken, die in den Ölmühlen angewendet werden, haben sich im Prinzip bis heute nicht verändert. In der Provence entwickelte sich der Anbau der Ölbäume kontinuierlich über die Jahrhunderte. Zwar versuchten die Römer aus wirtschaftspolitischen Gründen – heute würde man von Monopolbildung sprechen – die Ölproduktion einzuschränken, aber es blieb Aufgabe der »Provinzia«, der Provence, das Weltreich mit Olivenöl zu versorgen. Diese Entwicklung beschleunigte sich noch mit dem Aufkommen des Christentums und der immer weiteren Verbreitung der religiösen Orden. Ihren Höhepunkt erreichte der Ölbaumanbau in der Provence im 18. Jahrhundert: Immer mehr Macchia mußte den Terrassenkulturen weichen, und auf diesen Terrassen, deren Spuren man noch heute bis weit in die Hügel und Berge der Haute-Provence hinein erkennt, wurden hauptsächlich Ölgärten angelegt, die zwar regelmäßige, aber keine ständige Pflege brauchten. Erst im 19. Jahrhundert haben gewinnträchtigere Nutzpflanzen, z. B. der Kirschbaum, den Ölbaum allmählich vertrieben. Denn obwohl das Öl, wie bereits erwähnt, als Symbol des Reichtums galt, wurde der Besitz von Ölbäumen immer als fragwürdig betrachtet, da die Ernte unsicher ist und zahlreichen unberechenbaren Faktoren unterliegt: »Wer nur Olivenbäume besitzt, wird stets arm bleiben«, lautet ein weiteres provençalisches Sprichwort. Der Bestand wurde beispielsweise durch den schlimmen Frost im Winter 1956 schwer in Mitleidenschaft gezogen, und viele Bäume, die sich nach dreißig Jahren gerade wieder erholt hatten, erfroren im Winter 1984/85 endgültig.
Allerdings ist der Ölbaum auch unendlich zäh. Es dauert zwar sehr lange – fünf Jahre mindestens –, bis er zum ersten Mal blüht und Früchte trägt, aber wenn er mit Hilfe der Menschen seine »Jugend« übersteht, überdauert er die Jahrhunderte. »L'ólivié à cent an es encaro un enfant« – »Ein hundertjähriger Olivenbaum ist noch immer ein Kind.« Deshalb lohnt der Kampf um den Schutz der Bestände und um den Neuanbau von Olivenhainen, der übrigens von staatlicher Seite sowie von Verbänden wie z. B. der 1964 gegründeten *Confrérie des Chevaliers de l'Olivier* mit Sitz in Nyons oder der 1975 ins Leben gerufenen *Confrérie L'Olivado de Provence*, mit Sitz in Bargemon, unterstützt wird.

Der zur Nutzpflanze veredelte Ölbaum ist bekannt unter dem Namen *Olea europaea*, wobei die Bezeichnung *Olea mediterranaea* allerdings stimmiger wäre, denn seine Heimat ist der Mittelmeerraum: Er wächst lediglich zwischen dem 26. und dem 45. nördlichen Breitengrad und zeigt eine deutliche Vorliebe für die Meeresnähe. Stärker als im Herzen der Provence, mit Ausnahme der Gegend um Nyons, prägt er die Landschaft in Küstennähe. »Die Ölbäume sind sehr charakteristisch, und ich gebe mir große Mühe, das einzufangen«, schreibt *van Gogh*. »Es ist Silber, das mal ins Blaue, mal ins Grüne spielt, bronzefarben und beinah weiß auf gelbem, rosa, violettem oder orange Boden, der bis zu stumpfrotem Ocker geht…«

Den Menschen liefert der Ölbaum im wesentlichen zwei Produkte: seine Früchte und das Öl aus diesen Früchten. Vom Umsatz her wichtigstes Erzeugnis ist das Öl, wobei das Olivenöl weltweit in der Erzeugung von pflanzlichen Ölen den fünften Platz einnimmt.
Allerdings liefert der Ölbaum noch sehr viel mehr Verwertbares: Ein Abfallprodukt der Ölproduktion ist der Olivenpreßkuchen, die völlig ausgepreßte Maische. Er findet als natürliches Düngemittel und als Viehfutter Verwendung. Das von den Tischlern sehr geschätzte Olivenholz wird für die Herstellung von Kleinmöbeln und Küchengeräten genutzt; auch Bildhauer verarbeiten dieses Material sehr gerne. Die Blätter des Ölbaums werden in der Pharmaindustrie eingesetzt, und seit einigen Jahren werden sogar die Olivenkerne in der Chemie zur Plastikproduktion verwertet.

Etwa 70 Ölmühlen gibt es heute noch in der Provence, womit Frankreich insgesamt ein eher unbedeutendes Erzeugerland ist. Haupterzeuger sind Spanien, Italien, Griechenland und die Türkei. Auch der Durchschnittsverbrauch pro Kopf ist ein deutlicher Hinweis: Jeder Grieche nimmt im Durchschnitt jährlich zwanzig Liter Olivenöl zu sich, der Italiener zwölfeinhalb, der Spanier elf und der Franzose maximal einen!
Der sehr fruchtige Geschmack des Olivenöls ist oft nur in den Anbaugebieten selbst beliebt. Dennoch ist in dem vergangenen Jahrzehnt der Verbrauch auch in den nicht produzierenden Regionen und Ländern stark gewachsen, nicht zuletzt wohl aus dem zunehmenden Bewußtsein der Notwendigkeit einer gesunden Ernährung. Seit langem weiß man, daß Olivenöl für Herz und Magen sehr gesund ist – früher wurde es häufig

als Heilmittel bei Magengeschwüren eingesetzt –, daß es Darm und Galle aktiviert und das Nervenkostüm stärkt. In jüngerer Zeit hat man herausgefunden, daß gutes Olivenöl einen sehr hohen Nährwert besitzt und weit gesünder ist als alle anderen Fette; es kann zur Senkung des Cholesterinspiegels beitragen und Gefäßerkrankungen vorbeugen. Olivenöl könnte alle anderen Fettarten ersetzen, und dies hat es auch über Jahrhunderte in der provençalischen Küche getan.
Eines der schönsten Schimpfwörter für Nicht-Provençalen und Touristen, die häufig als »Eskimos« bezeichnet werden, steht übrigens mit dieser Tradition in Verbindung: Mit Butter oder einem anderen Fett als Olivenöl zu kochen, ist so verrückt, so exotisch, daß jeder, der dies tut, ein Eskimo sein muß!
Man könnte einwenden, daß Olivenöl sehr teuer sei (derzeit zwischen 25 und 45 Francs pro Liter). Aber wenn man erst einmal begriffen hat, wie schwierig die Bedingungen der Olivenproduktion sind – ein Ölbaum trägt frühestens nach 5 Jahren seine ersten Früchte, gute Erträge kann er überhaupt erst nach 25 bis 30 Jahren bringen, er reagiert äußerst empfindlich auf Klimaschwankungen und Wetteränderungen, wie z. B. Kälte und Regen in der Blütezeit, und er ist sehr anfällig für Krankheiten und Ungeziefer – und um wie vieles höher als andere Fette andererseits der Nährwert des Olivenöls ist, wird man nicht mehr zögern, es vermehrt zu verwenden.

Wie sieht es nun mit der Ernte aus?
Hat der Baum einmal alle Angriffe der Natur überstanden, dann sind seine Früchte Ende September/Anfang Oktober voll entwickelt und dunkelgrün. Die meisten Oliven, die für den Konsum bestimmt sind, werden zu diesem Zeitpunkt geerntet. Denn obwohl ihr Ölgehalt und damit ihr Nährwert geringer ist als der der schwarzen, vollreifen Oliven, werden weltweit mehr als doppelt soviel grüne wie schwarze Oliven gekauft und gegessen.
Bleiben sie länger am Baum, dann reifen sie weiter und verlieren allmählich an Bitterstoffen. Die Olive wird zunächst rötlich braun oder weinrot, gegen Ende November ist sie voll ausgereift und fast schwarz. Das Fleisch ist dann von kräftigem Rot, zart und fest zugleich.

Olivenöl wird nur aus voll ausgereiften Früchten hergestellt. Deren Ölgehalt ist am höchsten, und aus 5 bis 8 Kilo Oliven (je nach Qualität) erhält man einen Liter Öl.
Das beste Öl erhält man durch Pressung der Früchte ohne jegliche Temperaturerhöhung, durch Kaltpressung. Zunächst ist es noch etwas trüb und kann leicht grünlich sein. Bis es in den Handel kommt, sollte es klar und von goldgelber, mitunter leicht ins Grünliche gehender Farbe sein.
»Huile d'olive vierge« ist das hochwertigste Olivenöl, wobei »jungfräulich« bedeutet, daß es kaltgepreßt ist und der ersten Pressung – *»de première pression«* – entstammt. Darüber hinaus sind einige besondere Lagen sehr gesucht, so z. B. die *»Huile d'olive vierge extra de Nyons – appellation contrôlée«* oder die *»Huile d'olive de Maussane«*. Beide Lagen sind dafür bekannt, daß die Oliven sehr mild sind, das Öl dementsprechend fruchtig ist und wenig Bitterstoffe enthält. In diesen Gegenden werden die Oliven besonders sorgfältig und ausschließlich von Hand gepflückt.
Die Bezeichnungen des Öls sind übrigens fast so präzise geregelt wie beim Wein. *»Vierge extra«* ist ein Öl, dessen Fettsäuregehalt zwischen 0% und 1% liegt. Die

Bezeichnung *»fine«* bedeutet, daß der Säuregehalt zwischen 1% und 1,5% liegt, *»semi-fine«* entspricht einem Säuregehalt von mehr als 1,5%, aber von maximal 3,3%.
Wenn ein *»huile d'olive vierge«* zu bitter im Geschmack oder mit einem zu hohen Säuregehalt ausfällt, wird es »raffiniert« und erhält die Bezeichnung *»Huile d'olive raffinée«*. Ein sogenanntes *»Huile pure d'olive«* ist ein Verschnitt aus *»Huile d'olive vierge«* und *»Huile d'olive raffinée«*. Diese Klassifizierung bzw. die entsprechenden Normen gelten in der ganzen Europäischen Gemeinschaft.
Das Öl der zweiten Pressung geht meist in die Lebensmittelindustrie und wird zur Konservierung oder zum Verschnitt mit anderen Pflanzenölen verwendet. Die dritte Pressung bei sehr hohen Temperaturen ergibt ein Öl, das nicht mehr für den Konsum geeignet ist, sondern z. B. für die Herstellung von Seifen verwendet wird.

Wie aber verläuft der Herstellungsprozeß in der Ölmühle? Zunächst müssen die Früchte sortiert, von restlichen Zweigen und Blättern befreit und gewaschen werden. Dann werden sie (heute maschinell) entkernt und zwischen großen Mahlsteinen zerquetscht (*»le broyage«*). Der Olivenbrei wird in etwa 3 bis 4 cm dicken Schichten auf runde Sisalmatten (*»les scourtins«*), die in Nyons hergestellt werden, gestrichen. Je nach Größe der Presse werden bis zu 50 solcher Scourtins aufeinandergetürmt. Dann wird die hydraulische Presse ganz vorsichtig in Aktion gesetzt, denn die Temperatur der Maische darf sich durch den Druck nicht zu sehr erhöhen. Der Saft, der so entsteht, ist eine Mischung aus Öl und Wasser und muß also noch geklärt werden, was heutzutage immer häufiger maschinell durchgeführt wird. Allerdings wird bei hochwertigen Ölen auch heute noch auf eine natürliche Klärung Wert gelegt. Dieser Prozeß dauert zehn bis zwölf Wochen.
Wer noch sehr viel mehr über die traditionelle Gewinnung von Olivenöl erfahren möchte, sollte anläßlich eines Ausflugs in das Luberon-Gebirge einen kleinen Abstecher nach Saint-Pantaléon in das *Musée du Moulin de Bouillon* – eine Ölmühle aus dem 16. Jahrhundert, deren Ursprünge sogar bis in die gallorömische Zeit zurückführen – machen, oder die Überreste der Ölpressen im Zisterzienserkloster Le Thoronet in der Nähe von Le Luc genauer betrachten.

Ölmühle in Oppèdes (Mathieu)

»L'oùlivado«, nennt sich die Olivenernte in der Provence. Ihr haftet stets etwas sehr Ernstes, Strenges an, was mit der kalten Jahreszeit erklärt werden kann, aber auch mit dem tiefen Respekt, den *»li oùlivaire«*, die Olivenpflücker, dem Baum und seinen Früchten entgegenbringen. Es ist beeindruckend, ihnen zuzusehen, sofern sie von Hand pflücken (inzwischen gibt es Maschinen, die durch Vibration an den Ästen rütteln, die Früchte werden in großen Netzen wie früher beim Abschlagen eingesammelt), wie sorgfältig und liebevoll sie jeden Ast und jeden Zweig bis zur letzten Olive abernten.

Les truffes

Trüffel, der schwarze Diamant der Provence

»Wenn ich einen Sohn im heiratsfähigen Alter hätte, würde ich ihm sagen: Nimm dich in acht vor dem jungen Mädchen, das weder Wein noch Trüffel, noch Käse, noch Musik mag.«

Colette

Der Diamant der Küche«, so nannte ihn 1825 *Brillat-Savarin*, als das »Allerheiligste der Tafel« bezeichnete ihn einige Jahre später *Alexandre Dumas*. Und vor derlei Superlativen hat man auch heute noch, wenn es um die Trüffel geht, keine Scheu. »Mettez un carat dans votre assiette!« – »Legen Sie einen Karat auf Ihren Teller!« empfiehlt eine Werbung des provençalischen *Syndicat des producteurs de truffes* (Verband der Trüffelproduzenten). Allerdings ist diese Werbung viel prosaischer, als sie klingt: Denn für Trüffelfachleute entspricht ein Karat sehr genau 12,5 Gramm. »Zwei Karat für ein Tête-à-tête«, fährt die werbende Innung fort. Vermutlich hätte *Brillat-Savarin* uns Gourmets des ausgehenden 20. Jahrhunderts als ziemlich kleinkarätig empfunden, denn ein 12,5 Gramm leichter Trüffel wurde noch vor nicht allzu langer Zeit als verkaufsunwürdig aussortiert und zum Eigenverzehr in Form eines Trüffelomeletts oder Trüffelsalats bestimmt. Zur Aufbewahrung und Kaliberbestimmung solcher Miniaturtrüffel hatte man unter den Küchengeräten das *mas* kleinere konische Glasgefäße mit engem Halsdurchmesser: alle »kleinkarätigen« Trüffel fielen in das Gefäß und wurden gar nicht erst auf den Markt gebracht.

»Wenn man einige Trüffel gegessen und ein Glas guten Weines getrunken hat... werden die Männer noch höflicher und die Frauen noch liebenswerter«, erklärt *Brillat-Savarin* in seiner *»Physiologie des Geschmacks«. Einige* sind da schon erforderlich, um die angekündigte Wirkung zu erzielen...

Allerdings braucht man sich über die wachsende Sparsamkeit beim Trüffelkonsum nicht zu wundern, wenn man einen Blick auf die Entwicklung der Trüffelproduktion seit dem Ende des 19. Jahrhunderts (und auf die entsprechende Entwicklung der Trüffelpreise) wirft. Seit 1914 sind die Trüffelgebiete in der Provence (Anbaugebiete und »wilde« Trüffelwälder) um 70% geschrumpft, während die Produktion 1985 nur noch 3% der Produktion von 1914 ausmachte. Die Départements Vaucluse und Drôme waren stets die meistproduzierenden in Frankreich, und sie sind es auch heute noch. Leider ist die Entwicklung in Südwestfrankreich ebenso wie in den anderen trüffelproduzierenden Ländern Europas keineswegs erfreulicher.

»Der Mensch hat den Himmel erforscht, den Lauf der Kometen aufgespürt, er hat die Zugkraft ermittelt, die Dampfmaschine erfunden... und er hat es bis heute nicht geschafft, eine Trüffel zum Wachsen zu bringen«, klagte *Brunet* 1826 in seinem *»Dictionnaire de cuisine«*. Im Prinzip ist seine Aussage bis heute wahr. Leider... Oder zum Glück. Dennoch kann man eine Reihe von historischen und gesellschaftspolitischen Erklärungen für die katastrophale Entwicklung der Trüffelproduktion im 20. Jahrhundert anführen. In der Provence wirkte sich die Phylloxera-Seuche, die im Jahre 1865 wütete und den gesamten Weinbestand dezimierte, auf die Trüffelkultur zunächst eher positiv aus. Zwar hatte man keine Methode gefunden, um Trüffel anzubauen – was bis heute nicht gelungen ist –, aber über die Beobachtungen von Trüffelliebhabern (*Joseph Talon,* »le père de la trufficulture«, der Vater der Trüffelzucht, der 1836–1902 in Saint-Saturnin-d'Apt lebte, verdient in diesem Zusammenhang erwähnt zu werden) und Naturwissenschaftlern war man immerhin zur Erkenntnis gelangt, daß Trüffel unter bestimmten klimatischen Bedingungen besser gedeihen und daß sie nur in einem ganz spezifischen pflanzlichen Umfeld, insbesondere von Eichen (Steineichen und Laubeichen), aber auch von Haselnußsträuchern und Linden gedeihen können.

Als die Landwirte der Provence durch den Verlust ihrer Weinberge um Existenz und Überleben bangen mußten, nutzten sie die geringen Kenntnisse, die sie über den Wunderpilz Trüffel hatten, und legten auf vielen Gebieten Eichenplantagen an, die zwar erst langfristig Ertrag versprachen (erst nach 10 bis 15 Jahren gelangt die seltsame Symbiose zwischen Baumwurzel und Trüffel zu ihrem Höhepunkt), die aber den Vorteil hatten, mit verhältnismäßig geringen Investitionen und niedrigen Unkosten verbunden zu sein. Darüber hinaus waren sie im weitesten Sinne eine Lebensversicherung bzw. eine Altersversorgung, denn der Unterhalt einer Eichenplantage ist nicht sehr arbeitsintensiv und die Trüffelgewinnung körperlich nicht sehr anstrengend: Der aufs Altenteil geschickte Bauer hatte Beschäftigung und eigenes Einkommen; wenn sein Arbeitseinsatz nicht mehr voll gewährleistet war, fiel er der Familie nicht zur Last.
Nach Ausbruch des Ersten Weltkrieges veränderte sich die Lage jedoch rapide. Die männliche Bevölkerung wurde bis auf wenige, zu alte Jahrgänge eingezogen und schrumpfte. Zwar waren zum Trüffelgraben durchaus auch Frauen einsetzbar, doch die schlechte Lage des Landes bremste den Vertrieb und den Konsum von Luxusartikeln ganz gewaltig. Die Eichenwälder wurden nicht mehr gepflegt und erneuert, es kam zur Überalterung des Waldbestandes.

Um dem Niedergang der Trüffelwirtschaft entgegenzuwirken, wurden in den vergangenen Jahren allerlei Maßnahmen auf lokaler und regionaler Ebene ergriffen, manche Organisationen und Verbände gegründet, von den *Syndicats des producteurs de truffes* über die *Confrérerie de l'Ordre du Diamant noir* (Bruderschaft des Ordens des schwarzen Diamanten), bis hin zur *Université Française de la Truffe* mit Sitz in Carpentras.

»O Trüffel, Tuber melanosporum, ich huldige deinen Tugenden, ich verpflichte mich, dir zu allen Zeiten und allerorten zu dienen, in Wort und Schrift und Tat, dir dazu zu verhelfen, daß deine unvergleichlichen Wohltaten, die bekanntesten und die heimlichsten, von den Menschen erkannt und geliebt werden!« So lautet der Eid, den der angehende Ritter – in ein schwarzes Cape gehüllt, mit schwarzem Schlapphut und gelbschwarzem Band über der Brust – spricht, wenn er in den Orden des Schwarzen Diamanten aufgenommen wird. Gegründet wurde dieser Orden 1982 in Saint-Restitut in der nördlichen Provence, und sein Ziel ist es, Trüffelliebhaber, Trüffelhändler, Trüffelgräber und Vertreter der Gastronomie zu vereinen, um die *Tuber melanosporum*, die in Frankreich und anderswo – sehr zu Unrecht, wie ich meine – unter dem Namen »Périgord-Trüffel« bekannt ist, zu verteidigen und zu fördern. Zu Unrecht deshalb, weil der Großteil der Produktion in Frankreich nicht etwa aus dem Périgord, sondern aus der Provence stammt und somit der Name, der auf eine geographische Herkunft hinweist, irreführend ist. Übrigens kämpfen die Bauern des Burgund – bislang vergebens – um die Anerkennung der eher geschmacksarmen *Tuber uncinatum* als »Burgund-Trüffel«.

Daß nach dem drastischen Rückgang der Trüffelproduktion Organisationen wie der Orden des Schwarzen Diamanten ein durchaus sinnvolles Betätigungsfeld hatten, wird klar, wenn man sein Augenmerk auf die katastrophalen Folgen des großen Trüffelschwunds richtet: Die Preise stiegen ins Astronomische, und geschäftstüchtige Betrüger wurden immer erfinderischer, um billigen Ersatz zu produzieren. Schwarzgefärbte Karotten oder Schweineschwarte sind die appetitlichsten Beispiele, über andere möchte ich mich lieber nicht auslassen! Solche Praktiken hatten wiederum zur Folge, daß insgesamt die Qualitätsansprüche und gleichzeitig das Ansehen der Trüffel sanken. Zu Beginn der 70er Jahre hielt es dann sogar der französische Staat für ratsam, den Trüffelhandel durch immer präzisere Direktiven zu regeln und zu kontrollieren: Von allen in Frankreich geernteten Trüffeln werden allein die *Tuber brumale* – die nicht sonderlich geschmacksintensiv ist und nur 2% der Gesamtproduktion ausmacht – und die *Tuber melanosporum* als Trüffel anerkannt. Keine der anderen »schwarzen Pilze« dürfen mit der Bezeichnung »Trüffel« in den Handel gelangen. Anerkannt, wenngleich in Frankreich bei weitem nicht so hoch geschätzt, wird selbstverständlich auch die *Tuber magnatum*, die weiße Piemont-Trüffel, die man keinesfalls mit der weißen, völlig geschmacklosen Sommertrüffel, *Tuber aestivum*, mit dem in der Provence die Trüffel-Hunde trainiert und belohnt werden, verwechseln sollte.

Auf dem Trüffelmarkt in Carpentras wird bar bezahlt

Die Befürchtung, daß der Trüffelkult übertriebene oder gar gefährliche Formen annehmen könnte, die dem Handel abträglich sein und dem Ruf der französischen Trüffel Schaden zufügen würden, dürfte dazu führen, daß auch so scheinbar kuriose Unternehmungen wie die *Université Française de la Truffe* sich durchsetzen und von der öffentlichen Hand Unterstützung erfahren werden. Formal existiert diese Universität bereits. Vorbild sind die italienischen Trüffeluniversitäten Bologna, Perugia und Turin. Sie ist ein eingetragener Verein mit klar abgesteckten Zielen; ihre Aktivitäten nimmt sie im Herbst 1990 auf: Sie soll Begegnungsstätte sein für all diejenigen, die sich aus beruflichen Gründen oder auch aus Liebhaberei für die Trüffel interessieren: Trüffelzüchter, Trüffelhändler, Gastronomen und Gourmets können hier alles zum Thema Trüffel lernen und sich praktisch und theoretisch fortbilden. Die Trüffeluniversität versteht sich vor allem als Einrichtung, die zukünftigen Trüffelzüchtern eine fachliche Ausbildung erteilen will. Sie soll aber auch eine Forschungsstätte werden, wo Wissenschaftler arbeiten und ihre Ergebnisse auswerten können. Dennoch dürfte es noch einige Jahre dauern, bis der erste französische Lehrstuhl für *»Trüffologie«* entsteht ... Für dessen Inhaber wäre dann vielleicht folgende Anekdote von Interesse oder gar für die Vergabe einer Doktorarbeit geeignet: An Neujahr 1664 soll *Molière* bei der *Marquise de Sévigné* in Grignan, im Norden der Provence, zu Gast gewesen sein. Geladen war auch ein hoher italienischer Prälat, der ganz offenbar den leiblichen Genüssen nicht abgeneigt war. Als Madame de Sévigné ein herrlich duftendes Trüffelgericht servieren ließ, atmete er tief ein und rief begeistert: *»Tartufoli!«* Molière fand nicht nur Gefallen an dem Gericht, sondern auch an dem schönen, vokalreichen Wort und notierte es heimlich auf seiner Menükarte. Seit vielen Jahren arbeitete er bereits an seinem Stück *»Der Heuchler«*, und noch immer hatte er für die Hauptfigur nicht den richtigen Namen gefunden. Nun hatte er ihn. Am darauffolgenden 12. Mai konnte endlich der *»Tartuffe«* uraufgeführt werden!

Witzigerweise bedeutet das provençalische Wort *»tartifle«* mit dem gleichen Wortstamm wie Trüffel »Kartoffel«. Vorsicht also vor Verwechslungen bzw. vor schlimmen Enttäuschungen! Das provençalische Wort für Trüffel lautet *»rabasso«*, und *»lou rabassié«* ist der Trüffelgräber. Ich nenne ihn mit Bedacht Trüffelgräber (wie Goldgräber), denn nur ein Laie, ein *»Tourist«*, ein *»Parisien«*, ein *»Eskimo«* – provençalische Schimpfwörter für Nicht-Einheimische – käme auf die Idee, Trüffel zu »suchen«. Zwar »findet« man Trüffel – wenn man Glück hat –, aber um dies zu erreichen, muß man *»cava«* : graben.

Womit wir beim handwerklichen Aspekt unseres Themas wären. Vier Möglichkeiten hat der Mensch, um in den Besitz des begehrten Diamanten zu gelangen, vier »Werkzeuge« stehen ihm zur Verfügung, von denen eines winzig klein, das zweite ein Mordinstrument, das dritte umständlich in der Handhabung ist: die Fliege, der Pickel, das Schwein. Das vierte Suchinstrument, das heutzutage in der Provence gebräuchlichste, ist der Hund.

Es gibt in der Tat eine Fliegenart, die ihre Eier genau an die Stelle legt, wo sich eine Trüffel befindet, den sie vermutlich durch ihren ausgeprägten Geruchssinn ausmacht. Es geht also darum, die Bewegungen dieser Fliege zu beobachten, was nur bei schönem Wetter und guten Lichtverhältnissen möglich ist. Das Insekt zieht im Flug unermüdlich kleine Kreise, deren Mittelpunkt, auf den Boden projiziert, genau auf die Stelle weist, wo sich in einer Tiefe von 5 bis 25 cm die Trüffel verbirgt. Die Methode erfordert gute Augen und viel Geduld, und die Erfolgsrate ist relativ niedrig.

Die Methode mit dem Pickel ist brutal, kurzsichtig, kriminell. Denn wer mit dem Pickel den Boden durchwühlt, zerstört für Jahre, oft sogar endgültig, das feine Netz von Wurzelverzweigungen, das für das Entstehen von Trüffeln notwendig ist. Abgesehen davon kann bei diesem rabiaten Mittel nicht zwischen reifen und unreifen Trüffeln unterschieden werden.

Die spektakulärste, aber umständliche, mittlerweile nur noch zu folkloristischen Zwekken eingesetzte Methode besteht darin,

»Echo« schnüffelt nach Trüffeln

ein Trüffelschwein auf den Weg zu schikken. Das Schwein mit seinem hochentwickelten Geruchssinn ist ein leidenschaftlicher Trüffelliebhaber. Es braucht zum Trüffelgraben nicht dressiert zu werden: Mit seiner Schnauze wühlt es im Boden herum, bis es den wunderbaren Pilz entdeckt hat – und ist verständlicherweise nur schwer davon abzuhalten, ihn aufzufressen. Allerdings weiß man mittlerweile, daß der Grund für diese besondere Begabung der Trüffelsau darin liegt, daß die Trüffeln eine sehr hohe Konzentration an Androstenol enthält, ein Hormon und ein Duftstoff, das im Sperma des Ebers enthalten ist. Das Trüffelschwein ist also kein Feinschmecker, sondern ein Lustmolch!

Die schwer kontrollierbare Gier des Tieres ist einer der Gründe, weshalb heute fast nur noch Hunde eingesetzt werden. Der zweite Grund liegt darin, daß es schlichtweg einfacher ist, einen Hund in ein Auto zu verfrachten als ein Schwein!

Hunde, meist undefinierbarer Rasse, werden zum Trüffelaufspüren dressiert, indem man ihnen von klein auf, und zwar zu jeder Jahreszeit, Trüffel zu riechen, aber ganz selten zu fressen gibt. Im Einsatz werden sie dann stets belohnt, wenn sie erfolgreich eine Stelle ausgemacht und angegraben haben. Dann befiehlt der Mensch seinem Hund, sich abzuwenden und geduldig zu warten, bis das Objekt der Begierde ausgegraben ist. Der Hund muß sich mit einem Stück Käse oder Speckrinde zufriedengeben. Gute Trüffelhunde sind sehr begehrt und ein kleines Vermögen wert. Ich habe *Monsieur Jouve* im Clos de Fillol beim Dressieren von *Chiens truffiers* zugesehen, und er hat mir anvertraut, daß der gelegentliche Verkauf eines guten Tieres ihm ein ganz beachtliches Zubrot bringt (mehr als das Monatseinkommen eines leitenden Angestellten!).

Der Verkauf eines Hundes wird jedoch nie als normaler Posten im Etat eines Bauernhofes betrachtet, wie auch der Erlös der Trüffelernte seit eh und je nicht als Belohnung für eine Arbeit, sondern als eine Art Geschenk des Himmels angesehen wird. Die Trüffelernte ist unvorhersehbar, unberechenbar, so gut wie nicht beeinflußbar. Demzufolge ist der Erlös in keiner Weise mit dem der Weinernte oder der Lavendelernte gleichzusetzen. Verkauft wird die Trüffelernte auf dem Markt, hauptsächlich an Zwischen- und Großhändler, bezahlt dafür wird der Bauer bis heute immer in bar. (Selbst nach mehrmaligen, spektakulären Raubüberfällen auf Großhändler auf dem Weg zwischen Apt und Carpentras konnten diese nicht durchsetzen, daß mit Scheck oder per Überweisung bezahlt wird.) Mit diesem Geld leistet sich der Bauer die Dinge, die seine Lebensqualität erhöhen, die für ihn nicht alltäglich sind. Dadurch erklärt sich, daß die Trüffelmärkte nahe am Ort der Ernte, leicht erreichbar und vor allem an normalen Markttagen stattfinden, damit der Erlös auch sofort umgesetzt werden kann. 70% der provençalischen Trüffelproduktion gelangt auf solche Trüffelmärkte, was eine gesunde Preisregulierung bewirkt; nur 30% gehen direkt an Großhändler oder an Konservenfabriken. Trüffelmärkte gab es früher in der Provence zu Dutzenden, ihre Anzahl ist mit dem Umfang der Ernten geschrumpft. Apt und Carpentras sind bis heute die Hauptumschlagplätze für den schwarzen Diamanten; kleinere Märkte gibt es in Valréas, in Richerenche, in Saint-Paul-Trois-Châteaux, wo es auch ein Trüffelmuseum gibt, und im schon erwähnten Grignan.

Vermutlich habe ich schon allzu deutlich zu erkennen gegeben, daß ich für den Trüffelkult durchaus anfällig bin. Ich habe das unendliche Glück, daß meine Leidenschaft von liebenswerten Nachbarn und Freunden immer wieder unterstützt wird. Sogar mein Briefträger weiß davon und bietet mir hin und wieder ein paar seiner schönsten »Fundstücke« an. Dazu kommt, daß *Rémi** stolzer Besitzer eines wunderbaren Trüffelhundes namens *Echo* ist, was zur Folge hat, daß mich *Elise* ab und zu zum Omelett einlädt... Als Rémi unlängst in einem Helikopter unterwegs war, um ein paar Luftaufnahmen für dieses Buch zu machen, kam er ganz begeistert ob seiner Trüffelentdeckungen zurück. Jetzt könne er das Photographieren an den Nagel hängen und der erfolgreichste Trüffelwilderer der Provence werden. Warum? Weil die Gebiete, in denen gute Trüffel wachsen, daran zu erkennen sind, daß am Fuße der Eichen große, kahle Kreise entstehen, im Fachjargon *»brûlés«* genannt, weil sie aussehen, als sei dort der Boden angesengt. Aus der Luft sind diese Stellen natürlich nicht zu übersehen... Genug der Trüffelgeheimnisse. Alles Weitere kann der Leser erfahren, indem er einen Lehrgang an der Trüffeluniversität belegt.

* Rémi Michel, der Fotograf, und Elise, seine Frau.

Zusammenfluß von Verdon und Durance, die den Wasserhaushalt der gesamten Provence bestimmen ▷

Les vins de Provence

Die Weine der Provence

Raisin de table: »Ribol«-Traube

In ganz entscheidender Weise wird die provençalische Landschaft vom Wein geprägt. Wie könnte es auch anders sein, wo doch alle Theorien, und seien sie noch so widersprüchlich, über die Ursprünge und die Geschichte des Weins immer wieder in diese Gegend hier zurückführen.
Verhältnismäßig einig scheinen sich die Fachleute darüber zu sein, daß es Griechen waren, die vielzitierten Phokäer, die zum Zeitpunkt der Eroberung des Landes und der Gründung von Marseille die *Vitis vinifera* mitgebracht haben – manche meinen sogar zu wissen, es habe sich um die Viognier- und die Syrah-Traube gehandelt.
Da die Griechen damit einen Markt entdeckt und geschaffen haben, wie man dies heute nennen würde, haben sie sich sechs Jahrhunderte lang auch das Monopol des Weinhandels gesichert und bewahrt.
Eine wirklich nennenswerte Entwicklung des Weinanbaus und in der Folge des Weinhandels und des Weinkonsums ist erst im 1. Jahrhundert nach Christi Geburt zu verzeichnen, und zwar unter dem Einfluß der römischen Besatzung. Verdienst der Römer ist es, den Weinanbau gefördert und erweitert zu haben, zunächst einmal im Rhônetal nordwärts und bis weit hinauf in fränkische und germanische Gebiete.
Auch mit der Ausdehnung des Christentums erfährt die Weinkultur eine positive Entwicklung: Die Verbindung des Weines mit dem Blut Christi hat im heutigen, vollkommen entsakralisierten provençalischen Volksgut durchaus Spuren hinterlassen: »Un pau de vin es mita sang«, ist einer der Ausdrücke, die mir dabei einfallen: »Ein wenig Wein ist das halbe Blut.« Gemeint ist, man solle Wein in Maßen trinken, denn Wein ist gesund fürs Blut. Übrigens: »Un det de vin / Fai enrabia lou medecin« – »Ein Gläschen Wein bringt den Arzt auf die Palme« – weil er dann nämlich keine Patienten mehr hat, denn Wein ist die bessere Medizin. Wie dem auch sei, im hohen Mittelalter sind gerade hier in der Provence die Mönche an der Entwicklung des Weinanbaus sehr stark beteiligt. Höhepunkt dafür ist die Zeit der Avignoner Päpste im 14. Jahrhundert: Eine der prächtigsten Spuren, die sie in dieser Gegend hinterlassen haben, ist das Weingebiet von Châteauneuf-du-Pape.
Ähnlich wie das Essen war auch der Wein bis zur Französischen Revolution Be-

◁ Weinberg in Flassans

standteil der höfischen Kultur. Interessant ist, daß im Zuge der Revolution der Wein aufgenommen wurde in die Liste der »Unwandelbaren Güter der Nation« und somit eine gewisse Demokratisierung erfuhr. Allerdings hatten die Weine aus dem Rhônetal und vor allem die eigentlichen Provence-Weine niemals die Rolle gespielt (die man nahezu als eine historische oder zumindest politische bezeichnen kann in Anbetracht der Tatsache, daß sich z. B. die Grafschaften von Burgund und der Champagne fast bekriegt hätten, weil Ludwig XIV. von seinem Leibarzt als Heilmittel Burgunder und nicht Champagner verschrieben wurde), die den Weinen aus prestigereichen Gebieten Frankreichs zugesprochen wurde. Dennoch müßte man sich, wie so oft in diesem Land, eigentlich in Superlativen ergehen, in Anbetracht der immensen Vielfalt an Weinen, die die Provence heute zu bieten hat.

Flächenmäßig erreichte der Weinanbau bereits im 19. Jahrhundert seine größte Ausdehnung, was im Zusammenhang mit der schon erwähnten Demokratisierung des Weines nach der Revolution zu sehen ist, aber auch im Kontext von technischen Fortschritten und wissenschaftlichen Entdeckungen (z. B. hat *Louis Pasteur* die Konservierung der gärungsfähigen Flüssigkeiten möglich gemacht). Der Qualität des Weines kamen überraschend die beiden großen Katastrophen, die ihn zunächst zu dezimieren drohten, sehr zugute: die Phylloxera-Krise ab 1864 und unmittelbar danach, als man glaubte, diese Plage im Griff zu haben, der Erste Weltkrieg. Erst ab 1930 setzten die ersten großen Bemühungen des Staates zur Verbesserung des französischen Weines und seines Anbaus ein. Eine wichtige Etappe dabei war 1935 die Gründung des »Comité National des Appellations d'Origine«, das die ersten »A. O. C.« – »Appellations d'origine contrôlée« – verlieh. In der Provence wurden mit der A. O. C. bereits 1936 der Châteauneuf-du-Pape, der Tavel und der Cassis ausgezeichnet. 1937 entstand die A. O. C. Côtes du Rhône. Aus diesem Comité wurde 1947 das bis heute bestehende staatliche »Office National des Appellations Contrôlées«, das die Produktion und die Klassifizierung der verschiedenen Weinkategorien strengstens reglementiert.

Weinlese im Luberon

Reist man von Norden in die Provence ein, so folgt man zunächst dem fruchtbaren, weiten Rhônetal. Die südlichen Lagen der Côtes-du-Rhône-Weine sind bereits provençalische im eigentlichen Sinne. Bei der schlichten Appellation Côtes du Rhône handelt es sich im wesentlichen um Rotweine, in denen Syrah-Trauben und rote Grenache-Trauben verarbeitet werden. Wie fast alle Weine der Provence sind dies eher »rustikale«

Le pont d'Avignon

Weine, bei denen nur in seltenen Fällen eine Lagerung von mehr als fünf bis sechs Jahren angezeigt ist. Neben diesen verhältnismäßig schweren, dunkelroten Rotweinen werden auch sehr frische, trockene, spritzige Rosé- und Weißweine hergestellt, die auf keinen Fall länger als zwei Jahre gelagert werden sollten.
Seit 1966 gibt es darüber hinaus eine Appellation Côtes du Rhône Villages: 48 Gemeinden aus dem südlichen Côtes du Rhône-Gebiet haben das Recht auf diese Bezeichnung, wobei 26 zusätzlich berechtigt sind, den Namen ihrer Gemeinde hinzuzufügen. So zum Beispiel Séguret, Roaix, Sablet, Cairanne, Rochegude, Vaqueyras und andere.

Wie schon erwähnt, gehört zu den besonders traditionsreichen Qualitätsweinlagen vor allem der Châteauneuf-du-Pape, der zu Recht in aller Welt als der berühmteste Côtes du Rhône gilt. Die Besonderheit dieses Weines ist nicht nur, daß er in unmittelbarer Nähe der einstigen Sommerresidenz der Gegenpäpste (hier spricht man von Exilpäpsten) wächst, welche, folgt man der Legende, besonders heikel waren in bezug auf ihren Meßwein. Auch die speziellen Flaschen zählen dazu, in die als zusätzliche Ursprungsgarantie das Wappen der Päpste eingelassen ist. Die außergewöhnliche Qualität des Châteauneuf-du-Pape rührt vor allem von der auffallenden Bodenbeschaffenheit der Weinfelder her: Dicke, kinderkopfgroße Kieselsteine, die einst von der Rhône angeschwemmt wurden, spielen für die Reben die Rolle von natürlichen Klimaanlagen. Sie speichern tagsüber die Wärme und geben sie nachts wieder ab, so daß ein besonders harmonischer Reifeprozeß der Trauben möglich ist.
Aber auch Tavel (A. O. C. von 1936), Lirac (A. O. C. von 1947), Rasteau

(A. O. C. von 1944), Gigondas (A. O. C. von 1971) liefern ihren Beitrag zum Prestige der Provence-Weine. Anders als gewöhnliche Côtes-du-Rhône-Weine kann man diese schweren Rotweine, die häufig bis zu 16% Alkoholgehalt aufweisen, bis zu zehn Jahren lagern. Genießen sollte man sie dementsprechend in Maßen – zum Gigot, zur Daube, zur Gardiane –, obwohl es heißt: »Lou vin espargno lou pan« – »Wein ersetzt das Brot.« Denn dieser steigt doch sehr schnell zu Kopf – schließlich heißt es ja auch: »Qu amo lou vin, amo un traite ami« – »Wer den Wein liebt, liebt einen verräterischen Freund«.

Östlich der Côtes du Rhône-Lagen liegt das weite Gebiet der Côtes du Ventoux, das sich etwa von Vaison-la-Romaine im Norden über Carpentras im Westen, Villes-sur-Auzon im Osten und Goult und Apt im Süden erstreckt. Unmittelbar südlich daran grenzt das Gebiet der Côtes du Luberon, das das von Westen nach Osten langgestreckte Luberon-Gebirge nach allen Richtungen umgibt, sich aber im wesentlichen an den Südhängen ausdehnt. Sowohl die Côtes-du-Ventoux – als auch die Côtes-du-Luberon-Weine reifen wegen ihrer hügeligen oder gar gebirgigen Lagen – der Mont Ventoux ist immerhin 1909 Meter hoch, der Luberon bis zu 1125! – später; demzufolge sind dies auch leichtere Weine als z. B. der Gigondas oder der Châteauneuf-du-Pape. Sie setzen sich im wesentlichen aus Grenache- und Carignan-Trauben zusammen, wobei immer auch Syrah, Mourvèdre und Cinsault, wenngleich in geringeren Mengen, mitverarbeitet werden. Neben den etwa 11 bis 12% alkoholhaltigen Rotweinen werden auch sehr viele leichte Rosé- und Weißweine hergestellt – »Sommerweine«, die auch bei Hitze gut verträglich sind.

A.O.C. Coteaux des Baux mit den Alpilles

Weiter südlich erreicht man dann das gleichfalls stark ausgedehnte Gebiet der Côteaux d'Aix-en-Provence, das sich im Westen, im Umfeld der Alpilles »Côteaux d'Aix-en-Provence-Les Baux« nennt; seine offizielle Appellation hat dieses Gebiet erst 1985 zugeteilt bekommen, und die Bestimmungen über das Mischungsverhältnis der Trauben stehen noch nicht endgültig fest (ab 1991 soll der Höchstanteil an Sauvignon und Carignan drastisch reduziert werden).

Wiederum südöstlich von diesem Gebiet stößt man auf das riesige Gebiet der Côtes-de-Provence (A. O. C. von 1977), das zwischen Saint-Maximin-la-Sainte-Baume und Brignoles vom Gebiet der Coteaux Varois (A. O. C. von 1984) unterbrochen wird. Sowohl die vom Kalkboden geprägten Coteaux Varois als auch die Côtes de Provence sind vorwiegend

Weinstock in Châteauneuf-du-Pape

Rosé-Weine, die trotz einheitlicher Appellation unglaublich vielfältig in ihren Geschmacksrichtungen sind. Interessant und auf jeden Fall eine Weinprobe wert sind auch die weniger bekannten Rotweine dieser Gegenden. Eine eigene Appellation haben seit vielen Jahren einige kleinere, aber vermutlich wegen ihrer Nähe zur Côte d'Azur bekanntere Lagen wie Cassis (A. O. C. von 1936 – ein kleines Gebiet östlich von Marseilles) und Bandol (A. O. C. von 1941 – unmittelbar westlich von Toulon). Côtes-de-Provence-, Bandol- und Cassis-Weine werden noch teilweise in anmutigen schlanken, hohen, aber dennoch geschwungenen weißen Flaschen abgefüllt. Diese typischen Flaschenformen mit den originellen Bezeichnungen »la massue provençale« (die provençalische Keule) und »la double bosse« (die doppelte Beule) oder »la flûte à corset« (die Flöte im Korsett) dürfen aber nur Erzeuger verwenden, die eigene Abfüllungen haben und deren Wein selbstverständlich den Normen der Côtes de Provence entsprechen muß.

Einen besonderen Hinweis verdienen – und dazu führt die Reise wieder zurück, nordwärts – die sehr spezifischen Süßweine von Rasteau und Beaumes-de-Venise. Beide sind »vins doux naturels«, d. h., daß sie nicht durch Zuckerzusatz, sondern durch *»mutage«* erzeugt werden. Das Verfahren besteht darin, daß die Gärung zu einem bestimmten Zeitpunkt durch Zusatz von reinem Alkohol gestoppt wird. Deshalb ist die Restsüße deutlich spürbar und der Alkoholgehalt höher als bei einem normalen Wein. Sowohl beim Rasteau als auch beim Muscat de Beaumes-de-Venise beträgt er etwa 20%, wobei mindestens 15% durch den Gärungsprozeß selbst entstanden sein müssen. Beide Weine sind grundverschieden: Der süße Rasteau wird aus Grenache-Trauben, der Muscat de Beaumes-de-Venise aus kleinen Muskattrauben hergestellt; aber als sommerlich kühle Beigabe verleihen sie beide den kleinen Cavaillon-Melonen einen ganz besonderen Geschmack.

Ich kann mich nicht zurückhalten, den Leser abschließend noch mit ein paar Zahlen zu strapazieren. Das Provence-Gebiet (Côtes de Provence, Coteaux Varois, Coteaux d'Aix und Einzelappellationen) liefert insgesamt nur 6% der französischen Gesamtweinproduktion, das gesamte Côtes-du-Rhône-Gebiet nur 6,5%. Ob die Soziologen darin eine Begründung für die Tatsache erkennen, daß der Alkoholismus in diesen Regionen Frankreichs weit unter dem Landesdurchschnitt liegt, weiß ich nicht. Vielleicht ist dieses Konsumdefizit auch damit zu erklären, daß ein steigender Anteil der Produktion für den Export bestimmt ist... Der größte Abnehmer, nicht nur innerhalb der EG, sondern auf der Weltrangliste, ist die Bundesrepublik Deutschland!

Vergessen sollte man allerdings auch nicht, daß diese Gebiete, die (außer Châteauneuf-du-Pape) allesamt keine großen Prestigeweine erzeugen, durchaus nicht nur den A.O.C.-Normen entsprechende Weine produzieren. Unterhalb der Güteklasse A.O.C. gibt es die VDQS-Weine (Vins délimités de qualité supérieure), die ebenfalls einer gewissen staatlichen Kontrolle unterliegen, bei denen die Normen jedoch weit weniger streng sind. Die nächsten Kategorien sind die Vins de Pays und die Vins de table (Landweine und Tischweine): Vins de table sind Weine, die keineswegs verschnitten sind, die aber den geforderten Mindestalkoholgehalt nicht erreichen. Vins de Pays können manchmal sehr empfehlenswerte Weine sein, denn meist werden sogenannte Überschußweine, die also qualitativ den Weinen gleichkommen, als solche verkauft. Aber wer wird da schon seine guten Adressen verraten? Honni soit qui mal y pense.

Sablet und die Dentelles de Montmirail ▷

Nos bonnes adresses

Unsere Lieblingsadressen

Die Frage, ob man seine Geheimtips überhaupt hätte verraten sollen, stellt sich spätestens dann, wenn einen das unheimliche Gefühl beschleicht, daß man von besagten Geheimtips selbst verraten wurde, sei es, weil die vielgeschätzte, hochgelobte Qualität aufgrund der größeren Publizität nachgelassen hat, sei es ganz einfach, weil man plötzlich entdeckt, daß man seinen Status als Geheimnisträger verloren hat.

Fragwürdig ist die Vermittlung von Geheimtips allemal, weil Vorlieben und Neigungen notgedrungen subjektiv, also möglicherweise ungerecht sind.

Deshalb habe ich den Gedanken aufgegeben, hier zu verraten, bei welchem *Chevrier,* bei welchem Ziegenhirten, in welchem einsamen Gehöft der Hochprovence ich die besonders liebevoll gereiften *Picodons* erwerbe oder bei welcher alten Bäuerin, Verwandten oder Freundin der Familie Rémi seine stets für ihn beiseite gelegten *Banons* abholt. Preisgegeben werden einfach nur unsere »guten Adressen«, solche, die dem Provence-Anfänger vielleicht einiges Suchen und vielleicht auch einige Enttäuschungen ersparen können.

Wer das Glück hat, im Urlaub in der Provence Selbstversorger sein zu können, wird wohl kaum einen der malerischen, farbenfrohen Wochenmärkte (montags in Cavaillon, dienstags in Vaison-La-Romaine, freitags in Carpentras, samstags in Apt, sonntags in Isle-sur-la-Sorgue) auslassen, wo es so gut wie alles, was Herz und Magen begehren, zu kaufen gibt.

Reifeschrank in Chantebelle bei Sivergues

◁ Spargelmarkt in Mormoiron

Weniger bekannt sind bislang noch die *Marchés paysans,* die richtigen Bauernmärkte, die es mittlerweile an verschiedenen Orten gibt. Ab 1. Mai und bis Ende Oktober findet jeden Sonntagmorgen in Coustellet, einem nicht sonderlich male-

Confitures et condiments von Jean-Yves Cannepin

rischen, aber verkehrstechnisch sehr günstig gelegenen Dorf im Norden des Luberon-Gebirges an der Route Nationale 100, ein Markt statt, auf dem keine Händler, nur Direktverkäufer zugelassen sind. In Coustellet gibt es also nichts Exotisches, keine Äpfel aus Kapstadt, keine Bohnen aus dem Senegal und auch keine Tücher mit pseudoprovençalischem Muster aus Indien. Nur was gerade wächst, nur was wirklich aus der Gegend kommt, darf hier dem Verbraucher angeboten werden. Nach dem gleichen Prinzip, ebenfalls am Sonntagmorgen, findet auch in Saint-Martin-de-la-Brasque im Süden des Luberon ein Bauernmarkt statt.

Im Winter sollte sich der begeisterte Marktbesucher den Trüffelmarkt in Carpentras – am Freitagmorgen sehr früh – nicht entgehen lassen.

Seine Einkäufe kann man jedoch nicht ausschließlich auf Märkten erledigen, und was das Fleisch betrifft, so schwört Rémi auf *Christian Chabanne*, der seine Metzgerei auf der Place de la Liberté in Isle-sur-la-Sorgue betreibt. Bei ihm kann man bratfertige *Pieds et paquets* kaufen, die nicht einmal ein Marseiller von den hausgemachten unterscheiden kann. Meine beste Quelle für Lammfleisch befindet sich in der schmalen, etwas düsteren Rue de la République Nummer 33 in Apt; *Guy Louis* ist zwar »nur« ein importierter Provençale, ein Zugereister aus Lothringen, aber wie man sich die besten Lämmer beschafft, hat er beim viel zu früh verstorbenen *M. Bordes* in Goult und in Roussillon einige Jahre lang geübt.

Wie vermutlich in allen eher armen ländlichen Gegenden, hat das Brot in der Provence stets eine große Rolle gespielt.

Zeuge dafür sind die zahllosen provençalischen Redewendungen, in denen das Brot als Metapher oder Bestandteil einer Metapher erscheint. Besonders hübsch finde ich den Ausdruck: »Jemandem sein Brötchen erklären«; *»pan d'un sou«* ist ein Milchbrötchen, das als besonders fein galt und einen Sou kostete, sprich das Feinste, das Wertvollste, was man hat, nämlich seine Liebe. Das Motiv des Brots und des Brotbackens spielt in der provençalischen Literatur ganz allgemein eine zentrale Rolle: Man denke nur an *Pagnols »La Femme du Boulanger«*, und auch bei *Giono* taucht dieses Motiv immer wieder auf. Die Tradition wurde in Wirklichkeit jedoch Jahrzehnte lang stark vernachlässigt – schließlich gibt es immer mal Höhen und Tiefen: »Bon e marrit coume un pan de meinage« – »mal gut, mal schlecht, wie ein Hausbrot« –, und erst in den 80er Jahren haben sich viele Bäcker wieder der besonderen Bedeutung ihres Handwerks besonnen. Eine der schönsten und zugleich schlichtesten Bäckereien, die ich kenne, befindet sich in Lumières, am Rande der Route Nationale 100: Dort gibt es nicht nur hervorragendes Sauerteig-Brot, sondern z. B. auch ein Mandel- und Honiggebäck *(Croquants)*, das geradezu süchtig macht.

Patrick Dromer in Cabrières d'Avignon ist, obwohl er eine Dorfbäckerei betreibt, ein eher »städtischer« Bäcker, was durchaus kein negatives Urteil sein soll, ganz im Gegenteil. Sein Angebot an Brot, süßem und salzigem Gebäck, Torten, hausgemachten Pralinen und Schokoladenfiguren ist überwältigend. Neben seinen gängigen Sauerteig-Broten bietet er seinen Kunden ein Olivenbrot an, das man nicht genug rühmen kann: Oliven zerstampft, soviel Olivenfleisch wie Brotteig, das Ganze nach dem Prinzip der Biskuitrolle zum Brotlaib geformt. Daneben Thymianbrot, Knoblauchbrot, *Fougasse* mit Speckwürfeln (aus Blätterteig), *Fougasse* mit Sardellen (aus Brioche-Teig) und vieles, vieles mehr.

Für den Brotliebhaber gibt es übrigens in Bonnieux ein sehr hübsches *Musée de la Boulangerie,* wo man alles zum Thema Brotbacken erfahren kann.

Wer keine Zeit oder keine Lust hat, seine Marmeladen selbst zu machen, sollte sich bei *Jean-Yves Cannepin** in Apt, Impasse de la Chastelle, eindecken. Dutzende von verschiedenen Sorten von *»Confitures artisanales«*, darunter so ausgefallene wie *»Confiture de carottes au miel de lavande«*, vertreibt er unter dem Markenzeichen *»Les confitures de la Chatelle«* vor allem auf den großen Wochenmärkten der Provence. Rémi zieht es vor, sich bei *»La Roumanière«* in Robion mit Marmeladen zu versorgen, zumal er damit noch ein gutes Werk tut: La Roumanière ist eine Anstalt, in der körperlich und geistig Behinderte beruflich integriert sind und somit eine soziale Eingliederung erfahren.

* J. Y. Cannepin stellt auch allerlei *Condiments* und mit verschiedenen Kräutern gewürzte Essig- und Ölsorten her.

Bei Favier in L'Isle-sur-la-Sorgues wird die Palmsonntagstradition noch gepflegt.

In der Nougatküche von André Boyer in Sault

Um bei den Süßigkeiten und den Naschereien zu bleiben, möchte ich raten, die Gelegenheit eines Ausflugs nach Sault zu nutzen – auf dem Plateau de Sault kann man die schönsten Lavendelfelder der Provence bewundern, sich in der Erntezeit Ende Juli, Anfang August am betörenden Duft berauschen und in den Lavendeldestillen zusehen, wie der Extrakt, der in allen Waschpulvern der Welt so prosaische Verwendung findet, hergestellt wird – und bei *André Boyer* Nougat einkaufen: Die Boyers sind *»Nougatiers«* seit über hundert Jahren, und ihr Nougat ist weit und breit der beste, nicht weil die Bienen von Sault die fleißigsten sind, sondern weil der schönste Lavendel der Provence auch den besten Lavendelhonig der Welt ergibt... Bei André Boyer kann man übrigens auch Honig und andere süße Köstlichkeiten wie *Croquants, Navettes* und *Macarons* erwerben.

Kandierte Früchte gibt es in Apt in jeder *Usine de Fruits confits* zu kaufen. Die Firma *Aptunion* soll die größte der Welt sein, was gemessen an der Tatsache, daß sie auch die umweltverschmutzendste Industrie der Umgebung ist, durchaus ein bemerkenswerter Rekord sein mag: Auf dem römischen *Pont Julien* stehend, steigt einem der unerträgliche Gestank der Abwässer, die den Calavon in eine blau-graue Brühe verwandeln, in die Nase. *»Fruits confits artisanaux«* jedoch, wie von Großmutter gemacht, ganz ohne Chemie und Konservierungsgift, gibt es bei *Marcel Richaud* in Apt auf dem Quai de la Liberté oder auch bei *Albert Bono* in der Rue de la Sous-Préfecture in Carpentras. Und in Carpentras findet man auch Rémis Lieblingskonditorei, die *Patisserie Gilbert Jouvaud* in der Rue de l'Evéché, wo man sich mit allerlei Nasch-Spezialitäten aus der Provence vertraut machen kann, z. B. der *»Christine«*, einem mit kandierten Früchten gefüllten Kuchen.

Herstellung von
Fruits confits

Melons confits

Die »teuflischsten« Pralinen der Provence gibt es allerdings in der Rue Joseph Vernet in Avignon: *»Les chocolats Puyricard«*, die eigentlich in Puyricard hergestellt werden. Daß es keine besseren Pralinen gibt, behauptet nicht nur Rémi, der erkennbar ein Faible für Süßes hat und dies auch nicht verheimlicht.

Für mich, die ich eher an »Handfesterem« Freude habe, spielt z. B. der Gemüsehändler eine bedeutendere Rolle als sämtliche *Patissiers* und *Confiseurs* der Provence. Wenn ich sicher sein will, ohne viel herumzusuchen etwas Ausgefalleneres zu bekommen, wenn ich mir z. B. in den Kopf gesetzt habe, zarte *Cocos plats* zu einem *Gigot* vom Milchlamm zu servieren, dann gehe ich entweder zu *Christian Hamelin* nach Isle-sur-la-Sorgue (Cours Carnot) oder aber zu *Claude Julien* nach Apt (Rue Sainte-Anne), der stets mit einer Geschichte von seinem Großvater, der auch schon Gemüsehändler war, oder den neuesten Nachrichten aus den Markthallen in Paris oder Marseille aufwarten kann. Spargel kaufe ich allerdings fast immer direkt beim Bauern, weil ich ihn nirgendwo so frisch, am Morgen gestochen, bekomme. Rémi zieht es vor, seinen Spargel beim *»Petit Large«*, einem Spargel-Groß- und Einzelhandel in Saumane zu kaufen, wo er die Auswahl zwischen einem halben Dutzend verschiedener Qualitäten hat und für den *Fricot* auch mal abgebrochene Spitzen bekommt.

Ein vergleichbares Problem stellt sich bei den Trüffeln, wenn man nicht das große Glück hat, über eine direkte Bezugsquelle zu verfügen. Wenn ich ganz sicher sein will, meinen Gästen am nächsten Sonntag mit einem *Poulet aux truffes* aufwarten zu können, wende ich mich an *Gilbert Espenon* in Saint-Didier (Route du Beaucet). Er ist nicht nur Bürgermeister des hübschen kleinen Ortes, er ist auch Präsident der Trüffelinnung. Seine besonders hochwertigen Trüffeln werden in alle Welt exportiert.

Getrocknete Blüten und Kräuter der Provence

Jedem Liebhaber der guten Küche, nicht nur der provençalischen, kann ich nur raten, beim Kauf von Öl ebenso wählerisch zu sein, wie beim Kauf von Wein. Zwar gibt es nicht unendlich viele Verfahren beim Pressen der Oliven, aber dennoch schmeckt in jeder Mühle das Öl ein wenig anders. Weil ich sehr kräftiges, geschmacksintensives Öl mag, bediene ich mich fast immer bei *Maurice Jullien* in Saint-Saturnin d'Apt, was nicht bedeutet, daß das Olivenöl von *Gilbert Mathieu* in Oppède – dort kauft es Rémi – nicht zu empfehlen wäre.

Es lohnt auch einen Ausflug nach Maussane-les-Alpilles, in die Coopérative Oléicole de la vallée des Baux, wo es ein wunderbar fruchtiges, eher mildes Öl gibt. Die provençalische Lebensmittel-Ladenkette *La Taste*, die mittlerweile in allen größeren Städten Frankreichs und sogar im Ausland mit Filialen vertreten ist, vertreibt übrigens ein sehr gutes Olivenöl aus Les Baux, und die Filialen in Apt und Cavaillon verkaufen ein offenes, sehr mildes und preislich sehr günstiges Öl, das aus einer Mühle im Comtat Venaissin stammt.

Und nun zum heiklen Thema unserer Weine! *Le vin de tous les jours*, den Alltagswein besorgt sich Rémi bei der *Coopérative des vignerons du Mont-Ventoux* in Bédoin. Bédoin liegt im Nordwesten des Côtes du Ventoux-Gebietes, am Fuße des Mont Ventoux, in jener kleinen Region, wo die Weine so schwer wie die Côtes du Rhône ausfallen. Selbst der »leichte«, fruchtige Rosé enthält 13,5% Alkohol, was an einem heißen Sommertag gefährlich werden kann. Ich persönlich ziehe die leichteren Weine der *Cave de Lumières* bei Goult, am südlichen Rand des Côtes-du-Ventoux-Gebietes, vor. Am liebsten trinke ich die rote Cuvée Prestige, aber auch die hell himbeerroten, spritzigen Rosés erfreuen mein Herz an warmen Sommerabenden.

Blühende Kirschbäume bei Villars

Wenn ich manchmal behaupte, ich sei ein *Côtes-du-Ventoux*-Fan und lasse jeden *Côtes-du-Luberon* als nichtssagend stehen, so ist das eine im Affekt ausgesprochene Ungerechtigkeit und eine Unwahrheit dazu. Denn mindestens einmal im Jahr fahre ich zu *Jean-Pierre Magnan*, dessen malerisches *Château La Canorgue* unterhalb von Bonnieux, am Nordhang des Luberon liegt. Nicht nur die in Holzfässern ausgebauten Rotweine, die sehr stark von der Syrah-Traube geprägt

sind, sondern auch die ganz hellen Rosés und sogar die Weißweine hier sind bemerkenswert. Allerdings muß sich der Kunde immer sehr beeilen und sich so schnell wie möglich mit den frisch abgefüllten Weinen eindecken – ältere Jahrgänge sind hier nie zu haben. Häufig bin ich mit ein paar wenigen Flaschen nach Hause gefahren, weil es hieß, die Vorräte seien erschöpft, man müsse auf die Abfüllung des nächsten Jahrganges warten. Diese Enttäuschung habe ich im etwas weiter östlich, zwischen Apt und Bonnieux gelegenen *Château de Mille* nie erlebt. Vielleicht liegt es daran, daß die Preisgestaltung von *Conrad Pinatel* etwas strenger für den Kunden ausfällt. Aber sowohl die Qualität der Weine als auch das Weingut selbst lohnen den Ausflug: Das *Château de Mille* stammt aus dem 12. Jahrhundert und war einst eine der schönsten Sommerresidenzen der Päpste von Avignon. Als ich unlängst beim Neuordnen meines Kellers einen vergessenen Karton eines 17 Jahre alten roten *Château de Mille* wiederfand – die Flaschen waren mit dunkelgrünem Wachs versiegelt – wußte ich zunächst nicht, ob ich mich freuen oder grämen sollte. Noch am selben Abend jedoch erfuhr ich, daß der vorübergehende Verlust der 12 Flaschen eine Gnade des Schicksals war.

Auch Rémi macht hier gelegentlich eine kleine Einkaufspause, wenn er auf seinen zahllosen Reisen durch die Gegend auf irgendwelchen Motivsuchen an diesen beiden Côtes-du-Luberon-Gütern vorbeikommt.

Er hat mich auch aufmerksam gemacht auf das landschaftlich sehr schön gelegene Gut *Les Terres Blanches* vor Saint-Rémy de Provence, zu Füßen des Alpilles-Massivs. Dort hat sich *M. Michelin* seit fast 20 Jahren auf den biologischen Anbau von sehr schönen aromatischen *Coteaux d'Aix-Les Baux* eingelassen. Besonders im Frühsommer bieten seine Weinberge dem Besucher einen sehr fröhlichen, bunten Anblick: Zwischen den Reben wachsen in langen Reihen allerlei Blumen und Gemüse, insbesondere

Erbsen und farbenprächtige Wicken, die zugleich zur Insekten- und Ungezieferbekämpfung und zur späteren Düngung dienen. Ein wichtiger Hinweis für alle Liebhaber von biologischen Produkten – und von gutem Wein!

Auf die *Côtes-du-Rhône*-Weine des *Château Saint-Estève* bin ich gekommen, als ich in einem meiner Lieblingsrestaurants der Gegend wieder einmal nach einem »hiesigen« Weißwein zu einem Fischgericht suchte. Ich hatte mich schon auf eine erneute Enttäuschung gefaßt gemacht, aber siehe da, an dem weißen *Saint-Estève* gab es nichts auszusetzen. Der erste Eindruck bestätigte sich bei allen weiteren Versuchen, und heute bin ich mit Rémi der Meinung, daß es zu einer Forelle aus der Sorgue keinen besseren Weißwein gibt als eben diesen. Inzwischen weiß ich aber ebenfalls, daß auch die Rouges und die Rosés die Fahrt nach Uchaux zu *M. Français* – so heißt er wirklich! – lohnen.
Zumal ich auf dieser Fahrt auch die *Domaine de la Soumade* in Rasteau aufsuche und bei *André Roméro*, der sein eigenes Gut erst seit 1979 betreibt, zuvor aber lange Jahre in der Coopérative als Kellermeister tätig war, einen ungemein kraftvollen, geschmacksintensiven, aber dennoch sanften Rotwein einkaufe. Auch die Versuche seines Sohnes, der ein Bordeaux-Liebhaber ist und demzufolge seit 1987 einen Cabernet-Sauvignon – den er logischerweise nur als *Vin de pays* verkaufen darf – entwickelt hat, finde ich überzeugend, wenngleich *M. Roméro-Père* nicht viel von solchen »Mätzchen« hält.

Die Ausflüge nach Puyloubier zur *Domaine Richeaume,* wo der Deutsche *Henning Hoesch* bemerkenswerte *Côtes de Provence* an- und ausbaut, habe ich nur deshalb eingestellt, weil der Kunde dort ganz offensichtlich als lästig empfunden und mit einer in diesem Land ungewöhnlichen Unfreundlichkeit abserviert wird. Dafür fahre ich dann etwas weiter nach Arcs-sur-Argens und decke mich im *Château Sainte-Roseline* mit den sehr harmonischen, fülligen Rotweinen ein, oder fahre gar nach Flassans-sur-Issole, wo es in der *Domaine Gavoty* neben den traditionellen, sehr gepflegten *Côtes de Provence* auch einen für diese Region völlig ungewöhnlichen *Vin gris* gibt, der wiederum nur als *Vin de pays* verkauft werden darf. Wenn ich ausnahmsweise einmal eine Bouillabaisse selbst mache und mich auch noch bemühe, die *»Couleur locale«* herzustellen, dann serviere ich dazu einen weißen *Cassis,* den ich im *Clos Boudard* bei *Pierre Marchand* in Cassis kaufe. Da ich die Bouillabaisse jedoch viel lieber bei meinem Cousin Edmond esse, kommt es verhältnismäßig selten dazu, denn Edmond verwöhnt mich dann mit einem seiner *Châteauneuf-du-Pape blancs »de derrière les fagots«* – und da wären wir wieder bei den Geheimtips angelangt, die er bei aller verwandtschaftlichen Liebe auch mir nicht verrät. Zwar verspricht er mir Jahr für Jahr, das nächste Mal werde er mich mitnehmen, wenn er seine *Châteauneuf déclassés* einkauft, aber es ist noch nie dazu gekommen.
Womit wir beim Thema Lieblingsrestaurants angelangt wären, denn *Edmond Freess* betreibt ein solches im Hameau des Madons unterhalb von Roussillon. *Le Trèfle à cinq feuilles* heißt sein Haus, das eigentlich ein Reiterhof ist, in dem sich seine deutsche Frau Uli ganz ihrer Pferdeleidenschaft widmet. Essen kann man bei Edmond und Uli nur nach Voranmeldung – wenn die reitenden Hausgäste nicht so zahlreich sind und noch Stühle im Haus frei sind.

Auf die Frage, ob Edmond seinen Gästen außer *Bouillabaisse* (siehe Seite 94) auch wirklich eine *provençalische* Küche bietet, weiß ich keine befriedigende Antwort. Allerdings ist sie bei keinem der Restaurants in dieser Gegend eindeutig zu beantworten. Ob die Köche, Besitzer, Inhaber Provençalen sind oder nicht, alle lassen sie sich vom Besten inspirieren, was die Region zu bieten hat. Aber die »reine« provençalische Küche gibt es vermutlich sowieso nicht mehr, seit mit der stürmischen Entwicklung der Verkehrswege und -mittel im 20. Jahrhundert der Zustrom der »Fremden« in die Provence nicht mehr abgerissen ist, was sich gewiß auch in der Gastronomie niedergeschlagen hat.

Bereits 1904 beklagte *Mistral* in seinen Memoiren die Gleichschaltung bzw. Nivellierung der gastronomischen Eigenheiten seines Landes: »Das Lächerliche ist, daß, – seit sich mit den Handlungsreisenden in den Gasthäusern der Geschmack des Nordens breitgemacht hat – überall, sei es in Avignon, in Angoulême, in Draguignan oder in Brive-la-Gaillarde heutzutage die gleichen Gerichte serviert werden: Karotten-Suppen, Kalbfleisch in Sauerampfer, halbgares Roastbeef, in Butter geschwenkter Blumenkohl, kurzum, eine ganze Reihe von eßbarem Zeug, das weder Geschmack noch Aroma aufweist. Das geht so weit, daß man in der Provence, wenn man die einheimische Küche genießen will, unsere alte verlokkende, wohlschmeckende Küche, nur noch in die Kneipen gehen kann, wo das einfache Volk ißt.«

Vermutlich hat sich die Situation heutzutage ein wenig geändert, und schon kurz nach dem Zweiten Weltkrieg wurde man sich der Bedeutung der kulinarischen Traditionen in den Regionen Frankreichs wieder stärker bewußt. In allen unseren Lieblingsrestaurants wird aus dem Besten geschöpft, was die Provence zu bieten hat – aber auch aus dem Besten, was man von anderswoher übernehmen kann.

Am liebsten, am allerliebsten, weil ich dort so gut wie nie enttäuscht worden bin, fahre ich nach Venasque, wenn mich eine kleine oder große Freß- und Genußlust überkommt. In dem wunderschönen alten Haus, das die *Auberge de la Fontaine* beherbergt, läßt man sich von *Christian Soehlke* und seiner Frau *Ingrid* einen Abend lang verwöhnen. (Mittags wird in der Auberge nur am Sonntag gekocht, mittwochs überhaupt nicht.) Schon der Name besagt, daß man es hier nicht mit einem provençalischen Chef zu tun hat. Dennoch weiß ich weit und breit kein Restaurant, wo die Produkte der Provence, sogar so ausgefallene wie wilder Spargel im Frühjahr, so liebevoll verarbeitet und dem Liebhaber von kulinarischen Genüssen so überzeugend vermittelt werden wie bei diesem Schweizer »Aussteiger«. Auch findet man selten einen so unverfälschten Rahmen für seine kleinen kulinarischen Feste wie hier: von den schlichten, alten Tomette-Fliesen über den unveränderten Gipskamin, in dem im Winter ein echtes Feuer brennt, bis hin zu den ursprünglichen, aber nicht auf Hochglanz polierten Möbeln oder den Vorhängen aus feinsten, etwas verwaschenen Provence-Stoffen stimmt hier alles. Dies gilt auch für das, was auf den Teller des Gastes gelangt. Wann immer ich nach Venasque in die Auberge fahre, weiß ich, daß es spät wird, denn fast immer hat meine Neugier in bezug auf das, was ich gerade gegessen habe, lange Gespräche mit dem Chef des Hauses zur Folge: Da er seinen Beruf liebt, gibt er auch bereitwillig Auskunft über die Zubereitung der kulinarischen Genüsse sowie die Philosophie, die dahintersteht.

Nach einigen Anfangsschwierigkeiten,

Courgettes, wie sie im Restaurant »Le Parc« zubereitet werden

die vermutlich mit dem großen Erfolg dieses Restaurants – es war halt äußerst chic, dort zu essen – zusammenhingen, bin ich letztlich doch eine Anhängerin von *Michel Bosc* und seinem *Bistrot à Michel* in Cabrières d' Avignon geworden. Auch Michel Bosc ist kein echter Provençale, sein *Accent du midi* kommt aus dem Südwesten des Landes, dafür ist *Hélène,* seine Frau, eine waschechte Einheimische aus Fontaine de Vaucluse. Beide teilen sie die Leidenschaft für alles, was Frankreich im allgemeinen und die Provence im besonderen an kulinarischen Höhepunkten zu bieten haben. Wahrscheinlich sind sie die größten Trüffelkenner und -liebhaber und Michel dementsprechend der genialste Trüffelverarbeiter der Region. Zum Thema Trüffel bitten ihn die berühmtesten Köche Frankreichs um Rat und vermutlich auch um Hilfe bei der Beschaffung. Die Bistrot-Atmosphäre seines Lokals hat nichts Provençalisches, seine Küche hat nichts Bistrothaftes, dafür ist sie im besten Sinne provençalisch, was nämlich die Auswahl der stets frischen Zutaten betrifft. Und unlängst erklärte er mir mit echt südfranzösischem Schwung, daß meine Behauptung, das Wort *»Papeton«* stamme von Papst (siehe Rezept Seite 75), schlicht Unfug sei. Der provençalische Begriff habe mit »poupetonner«: »einwickeln«, »einpacken« zu tun und sei ein Synonym von »chemiser«: »ummanteln«, einem Fachbegriff in der Küchenterminologie.

Wenn ich in Fontaine de Vaucluse einmal nicht zu Hause bei Rémis Frau *Elise* die allerbeste, die allerursprünglichste Küche der Provence genießen darf, dann mag ich am liebsten unter den alten Platanen im Park des Restaurants *Le Parc* sitzen und mich von dem grün-silbern glitzernden Wasser der vorüberfließenden Sorgue von den Strapazen des Tages ablenken lassen. Die Kulisse ist die provençalischste, die man sich denken kann, die Familie *Baffoni,* das besagt schon der Name, gewiß nicht. Aber aus der Toskana haben sie das Beste, was man dort den Gour-

mands und Gourmets zu bieten hat, mitgebracht und es mit dem Besten aus der Provence vermählt. Am schönsten ist es hier an jenen ganz heißen Sommerabenden, an denen man das Gefühl hat, selbst eine kalte Dusche könne einem die Glut des Tages nicht aus dem Körper treiben; dem Rauschen der Sorgue, der vom Kellermeister *Robert Mayoux* sehr klug und kenntnisreich zusammengestellten Weinkarte und der leichten, bekömmlichen Küche von *Edouard* und *Eddie Baffoni* jedoch gelingt dies.

Wenn ich Freunde aus dem Norden zum Nachtzug nach Avignon bringe, versuche ich sie über den Abschied vom Süden hinwegzutrösten, indem ich sie zum letzten Abendessen in *Le Vernet* in der Rue Joseph Vernet führe. Nicht nur das Ambiente – auch hier ein wunderschöner Garten mit uraltem Baumbestand –, sondern die hervorragend komponierten Menüs sind bestrickend. Köstlich zubereiteten Fisch gibt es bei *Claude Clareton* immer, aber wenn man das Glück hat, ein *Fricassée de petits gris* auf der Karte zu finden, muß man zugreifen. Unlängst verriet mir Rémi: »Wenn unser Präsident Mitterrand nach Avignon kommt, ißt er immer im *Vernet*.« – »Ich auch, du nicht?« habe ich ihm geantwortet.

Rémi macht auch ganz gerne mal in Cavaillon bei *Jean-Jacques Prévôt* eine Schlemmerpause. *Le Prévôt* ist von seiner ganzen Einrichtung her, die durch und durch an eine Theaterkulisse erinnert, alles andere als provençalisch. Ob der Chef des Hauses oder seine liebreizende Frau *Sylviane* es sind, weiß ich nicht, ihre Gäste aber verwöhnen sie mit einer Küche, die bei weitem nicht so viel »städtischen Firlefanz« aufweist, wie die Dekoration des Lokals. Hervorragende Wildgerichte während der Jagdsaison, Köstlichkeiten aus dem Mittelmeer und vieles mehr werden dem Gast mit feierlicher Eleganz gereicht, der sich allerdings nur dann wohlfühlen und die Qualität der Küche und des Services genießen kann, wenn er seine eigene Aufmachung dem Rahmen angepaßt hat.

Wann immer mich irgendeine Aufgabe nach Arles führt, versuche ich einen Tisch im Restaurant *l'Olivier* zu bekommen, was häufig nicht gelingt – und was vollkommen undenkbar ist, wenn in Arles die Oster- und Pfingst-Feria stattfindet und die Stierkampffans aus aller Welt anreisen. Aber auch wenn man ein paarmal abgewiesen wurde, lohnt es sich, weitere Versuche zu unternehmen. Kleine, freundlich-elegant eingerichtete Räume in dem schönen, geschmackvoll restaurierten Arler Stadthaus, und ebenso erlesene, ästhetisch und schlicht servierte Gerichte aus besten Erzeugnissen des Landes machen ein Essen in diesem Lokal zur Augenweide und zum Gaumenschmaus.

In meiner näheren Umgebung, wenn ich keine großen Ausflüge unternehmen möchte, gehe ich manchmal im unterhalb von Gordes gelegenen, verhältnismäßig neuen Restaurant *Les Vordenses* essen. Die beiden sehr jungen Besitzer, *Emanuel Gueytte* und *Patrick Gracia* verstehen sich als die Erben und Wahrer der gastronomischen Geheimnisse von *Gabriel Rousselet,* der vor einiger Zeit aus Altersgründen sein weit über die Grenzen der Provence berühmtes Restaurant *Les Bories* in Gordes verkauft hat. *Patrick Gracia* hat bei ihm das Metier gelernt und von ihm, mit seinem Segen, viele der Rezepte mitgenommen. Wie sein Lehrmeister serviert er eine ausgezeichnete *Bourride de Baudroie,* überhaupt liebt er es, Fische aus dem Mittelmeer zu verarbeiten, und seine *Cassolette de truffes de Gordes à la façon de Maître Pantaly* (der wiederum der Lehrmeister seines Meisters war) ist ein Traum. Indessen führt sein Compagnon die Gäste mit jugendlichem Schwung und sympathischer Freundlichkeit durch die Geheimnisse der Karte.

Bei meinen nicht den Prinzipien einer Rundreise gehorchenden kulinarischen Ausflügen durch die Provence muß ich noch einmal in die Nähe von Venasque zurückkehren, nämlich nach Le Beaucet, wo seit etwa drei Jahren *Brigitte Pizzecco* und *Pierre Rouby* die malerisch gelegene, angenehme, weil unaufdringliche *Auberge du Beaucet* betreiben. Brigitte Pizzecco stammt nicht von Korsika, wie ihr Name vermuten läßt, sondern aus dem Norden Frankreichs, dennoch stellt ihre Küche – denn sie ist es, die am Herd steht – eine glückliche Mischung einer Vielzahl regionaler Einflüsse dar. Von ihrer *Choucroute de Honfleur* (Sauerkraut mit Meeresfischen aus der Normandie) mag ein Provençale sagen, es sei »Eskimofraß« – ich finde es köstlich –, aber gegen ihre *Bouillabaisse de petits gris,* kann er nichts einwenden, nicht einmal, daß die Schnecken aus Burgund importiert seien.
Und wer sowieso schon bis Le Beaucet vorgedrungen ist und für provençalische Traditionen etwas übrig hat, fährt noch ein Stückchen weiter in Richtung Saint-Gens, wo die Frau des Töpfers *Eric Marguerat* kleine *Santons* herstellt. Ihre Krippenfiguren sind bunter und kleiner als die üblichen, auch weniger realistisch im Ausdruck, aber alle traditionellen Figuren sind vertreten. Noch weniger der naturalistischen Tradition verhaftet, aber von unvergleichlicher Ausdruckskraft sind die *Santons* von *Alex Lhermillier* in Lioux. Den provençalischen Dorffrauen, die dem Neugeborenen das Beste und Ureigenste darbringen, was sie besitzen, das, was sie in der Küche ihres *Mas* tagtäglich zubereiten, sieht man an, daß ihr Schöpfer ursprünglich ein Anthropologe war, der Jahre seines Lebens damit verbracht hat, die Gestik und Körpersprache der Menschen zu beobachten. Jeder einzelne Santon von Alex Lhermillier ist

Krippenfigur von Alex Lhermillier

Sankt Martinsmarkt bei Salons-de-Provence ▷

SEO

eine kleine Originalplastik. Keiner ist nachgegossen. Keiner hat ein Gesicht im herkömmlichen Sinne, aber bei jedem spürt man die individuelle, unnachahmliche Bewegung. Eine Frau aus dem Dorf trägt einen schweren Kürbis, den schönsten, den sie geerntet hat, zur Krippe, eine andere bringt eine Gans, und da sitzt eine, die noch schnell eine Gemüsesuppe zubereitet, damit das Jesuskind und seine Eltern etwas Warmes zu essen bekommen.

Noch etwas? Nein, ich denke, ich brauche nicht zu verraten, wo man einen guten Trüffelhund herbekommt. – Vielleicht aber doch noch, wo man die schönsten Fayencen kaufen oder herstellen lassen kann? Bei *Tony Pitot* nämlich, unterhalb von Goult an der Nationale 100, der neben *Jean Faucon* der letzte Töpfer ist, der die Tradition der Apter Fayencen fortsetzt. Aber natürlich kann man sein honiggelbes Provence-Geschirr für weniger Geld auch in Dieulefit kaufen. Dort wird eher Massenware, nicht unbedingt häßliche, hergestellt und überall am Straßenrand verkauft. Wer nach Moustiers fährt, um sich dort das passende Geschirr zur provençalischen Küche zu kaufen, hat die Qual der Wahl und vielleicht noch die des schnell geleerten Portemonnaies. Aber schön sind diese handbemalten, weiß glasierten Keramiken fast immer, vorausgesetzt die Formen sind klassisch. Die passende Tischdecke zum Geschirr und zu den Gerichten kauft man in einem der vielen, sehr schönen *Souleïado*-Läden. Eine der freundlichsten und bestsortierten Souleïado-Boutiquen befindet sich in Carpentras, und das Stammhaus der Inhaber, der Familie *Demery,* steht in Tarascon. In ihm hat man ein kleines provençalisches Stoffmuseum mit den alten hölzernen Druckstöcken eingerichtet.
Natürlich könnte ich diese Liste endlos erweitern, sicherlich habe ich einiges, vielleicht sogar Wichtiges vergessen. Vielleicht werden auch vom Leser ein paar gute Tips auf uns zukommen?

Nos bonnes adresses –
unsere Lieblingsadressen

Asperges/Spargel

Le Petit Large
84800 Saumane-de-Vaucluse
Tel. 90 20 34 10

Boucheries/Metzgereien

Christian Chabanne
20, place de la Liberté
84800 L'Isle-sur-la-Sorgue
Tel. 90 38 04 27
Montags geschlossen

Guy Louis
33, rue de la République
84400 Apt
Tel. 90 74 23 12
Montag nachmittag geschlossen

Boulangeries/Bäckereien

Jean Testanière
Hameau de Lumières
84222 Goult
Tel. 90 72 20 21
Montags geschlossen

Patrick Dromer
Rue Neuve
84220 Cabrières d'Avignon
Tel. 90 76 90 19
Montags geschlossen

Musée de la Boulangerie
12, rue de la République
844800 Bonnieux
Tel. 90 75 88 34
Dienstags geschlossen.
Unregelmäßige Öffnungszeiten außerhalb der Saison (Informationen über Conseil Général de Vaucluse, Tel. 90 86 33 33)

Confitures – Fruits confits – Confiseries

Confitures de la Chatelle
Jean-Yves Cannepin
Impasse de la Chastelle
84400 Apt
Tel. 90 04 72 89

La Roumanière
Centre d'Aide par le Travail
Place de l'Eglise
84440 Robion
Tel. 90 76 61 21

André Boyer
Fabrique de nougats et de macarons
Porte des Aires
84390 Sault
Tel. 90 64 00 23
außer in der Hochsaison montags geschlossen!

Marcel Richaud
48 quai de la Liberté
84400 Apt
Tel. 90 74 43 50

Albert Bono
8, rue de la Sous-Préfecture
84200 Carpentras
Tel. 90 63 04 99

Gilbert Jouvaud
9, rue de l'Evéché
84200 Carpentras
Tel. 90 63 15 38

Chocolats de Puyricard
33, rue Joseph-Vernet
84000 Avignon
Tel. 90 85 96 33

Fayences/Keramik

Tony Pitot
Quartier Ponty (Nationale 100)
84220 Goult
Tel. 90 72 22 79

Für den Export bereit

Huile d'Olive/Olivenöl

Coopérative oléicole de la vallée des Baux
Rue Charloun Rieu
1352 Maussane-les-Alpilles
Tel. 90 54 32 37

Maurice Jullien
Rue Albert Trouchet
84490 Saint-Saturnin d'Apt
Tel. 90 75 40 80

La Taste
15, quai Léon Sagy
84400 Apt
Tel. 90 74 40 69
Montags geschlossen, außer in der Hauptsaison!

Gilbert Mathieu
Route du Moulin à Huile
84580 Oppède
Tel. 90 76 90 66

Fruits et legumes Obst und Gemüse

Christian Hamelin
La Jardinière
61, Cours Carnot
84800 L'Isle-sur-la-Sorgue
Tel. 90 38 10 86

Claude Julien
7, rue Sainte-Anne
84400 Apt
Tel. 90 74 14 18
Montags geschlossen

Gewürzstand in Cavaillon

Indiennes de Provence Stoffe

Boutique Souleïado
Noëlle Girard
11, rue de la Sous-Préfecture
84200 Carpentras
Tel. 90603658
Montags geschlossen

Musée Souleïado Charles Demery
39, rue Proudhon
13150 Tarascon
Tel. 90910880
Besichtigung wochentags nach Vereinbarung

Restaurants

L'Olivier
Pierre Cot (am Herd Jean-Louis Vidal)
1 bis, rue Réattu
13200 Arles
Tel. 90496488
Ruhetag: Sonntag und Montag mittag

Le Vernet
Claude Clareton
58, rue Joseph-Vernet
84000 Avignon
Tel. 90866453
Ruhetag: Sonntag

Restaurant de Beaucet
Brigitte Pizzecco – Pierre Rouby
84210 Le Beaucet
Tel. 90661082
Ruhetag: Sonntagabend und Montag, außer an Feiertagen

Le Bistrot à Michel
Michel und Hélène Bosc
Grande Rue
84220 Cabrières d'Avignon
Tel. 90768208
Ruhetag: Montag und Dienstag

L'Escargotière
Daniel und Florence Lantuejoul
Place de l'Ancienne Poste
84220 Cabrières d'Avignon
Tel. 90768976
Ruhetag: Donnerstag und Freitag mittag

Le Prévôt
Jean-Jacques und Sylviane Prévôt
353, avenue de Verdun
84300 Cavaillon
Tel. 90713243
Ruhetag: Sonntagabend und Montag

Le Château
Pierre Matas
(am Herd Michel Matas)
Petite Place
84800 Fontaine-de-Vaucluse
Tel. 90203154
Ruhetag: Dienstag

Le Parc
Edouard und Eddie Baffoni
Les Bourgades
84800 Fontaine-de-Vaucluse
Tel. 90203157
Ruhetag: Mittwoch
[Hotel 12 Zimmer]

Restaurant les Vordenses
Patrick Gracia et Emanuel Gueytte
Les Goges
84220 Gordes
Tel. 90721012
Ruhetag: Mittwoch

Le Tonneau
Patrick Payet
Place de l'Ancienne Mairie
84220 Goult
Tel. 90722235
Nur abends, Ruhetag: Montag

Chez Fonfon
Alphonse Mounier
140, Vallon des Auffes
13007 Marseille
Tel. 91521438
Ruhetage: Samstag und Sonntag

Le Trèfle à Cinq Feuilles
Edmond und Uli Freess
Les Madons
84220 Roussillon
Tel. 90056390
Nur auf Vorbestellung

Auberge de la Fontaine
Christian und Ingrid Soehlke
Place de la Fontaine
84210 Venasque
Tel. 90660296
Mittags nur am Sonntag
Ruhetag: Mittwoch
[auch Hotel: 5 Appartements]

Santons

Béatrice Marguerat
Route de Saint-Gens
84210 Le Beaucet
Tel. 90660719

Alex Lhermillier
La Combe
84220 Lioux
Tel. 90056919

Truffes/Trüffel

Maison de la Truffe (Trüffelmuseum)
26130 Saint-Paul-Trois-Châteaux
Tel. 75966129 oder
75047019: Rathaus
Öffnungszeiten: Jeden Tag von 9.30 bis 12.00 Uhr und von 14.30 bis 18.00, außer Sonntag morgen und Montag morgen.

Gilbert Espenon
Trufficulteur
Route du Beaucet
84210 Saint-Didier
Tel. 90660103

Vins/Weine

Louis, André und Paul de Rasque de Laval
Château Sainte Roseline
83460 Les Arcs sur Argens
Tel. 94733257
Samstag und Sonntag geschlossen.
In der Hauptsaison auch samstags von 8 bis 12 und von 14 bis 18 Uhr geöffnet.

Conrad Pinatel
Château de Mille
Route de Bonnieux
84400 Apt
Tel. 90741194

Coopérative des Vignerons du Mont-Ventoux
84410 Bédouin
Tel. 90656003
Jeden Tag, auch an Sonn- und Feiertagen (außer Weihnachten und Neujahr) geöffnet.

Jean-Pierre Magnan
Château La Canorgue
Route du Pont Julien
84480 Bonnieux
Tel. 90758101

Pierre Marchand
Clos Boudard
7, route de la Ciotat
13260 Cassis
Tel. 42017266

Soc. Bernard Gavoty
Domaine Gavoty
Petit Campdumy
83340 Flassans sur Issole
Tel. 94596883/94697216
Sonntags geschlossen

Coopérative de Goult-Lumières
Hameau de Lumières
84220 Goult
Tel. 90722004
An Sonn- und Feiertagen geschlossen

Henning Hoesch
Domaine Richaume
13114 Puyloubier
Tel. 42663226

André Roméro
Domaine de la Soumade
Route d'Orange
84110 Rasteau
Tel. 90461126

Noël Michelin
Les Terres Blanches
Route de Cavaillon
13210 Saint Rémy de Provence
Tel. 90959166

Gérard Français und Söhne
Château Saint-Estève
Route de Sérignan
84100 Uchaux
Tel. 90406238
An Sonn- und Feiertagen geschlossen

GLOSSAR

Aigo boulido: »Gekochtes Wasser«, eine Suppe mit viel Knoblauch und etwas Salbei, die man zur Verdauung als Zwischengang während eines üppigen Festbanketts – oder danach zu sich nimmt.

Aïoli: Knoblauch-Mayonnaise, die häufig mit dem Gemüse- und Fischgericht verwechselt wird, zu dem sie serviert wird.

Anchoïade: Sardellen-Sauce, die zu Bleichsellerie oder anderen rohen Gemüsen serviert wird. Wird auch als Salatsauce verwendet.

Barigoule (à la barigoule): Eßbarer Pilz, der in Olivenöl gebraten wird. Artischocken werden à la barigoule zubereitet, d. h. wie Pilze, wobei die Rezepte sehr stark variieren.

Bohémienne: Gemüsegericht aus Auberginen und Tomaten.

Bouillabaisse: Fischgericht mit vielen verschiedenen Mittelmeerfischen.

Bouquet garni: Kleines Kräutersträußchen, das in Fleisch- oder Fischgerichten mitgekocht und vor Beendigung des Garens entfernt wird, und das in der Provence meist aus einem Lorbeerblatt, einigen Petersilienzweigen, einem Thymian- und einem Rosmarinzweig besteht.

Bourride: Fischsuppe, die mit Aïoli serviert wird.

Brandade (von brandada: schütteln, heftig bewegen): Provençalisches Gericht, meist aus Stockfisch, der in der Pfanne so lange gerührt wird, bis er zu Brei zerfällt. In alle Formen von Brandade (so wird auch aus Gemüse, z. B. Sellerie gemacht) wird Olivenöl eingerührt.

Brousse: Fester Quark aus Schafs- oder Ziegenmilch.

Cachèio: Scharfe Käsepaste, die aus Käseresten hergestellt wird.

Carde: Stengel von der Gemüseartischocke (Karde).

Cardon: Gemüseartischocke

Catigot = Matelotte: Fischtopf mit Wein

Cépage: Rebsorte. Die wesentlichen Rebsorten in den provençalischen Weinen sind folgende: Grenache noir, syrah, mourvèdre, cinsault, carignan, counoise, clairette, grenache blanc.

Coucourde/Cougourde: Kürbis

Coulis: Sauce, meist aus Tomaten hergestellt, kann aber auch aus anderen Gemüsesorten oder aus Früchten gemacht werden.

Crudités: Rohkost

Daube: Zubereitung bestimmter Fleischsorten in einem geschlossenen, ursprünglich irdenen Gefäß.

Daubière: Gefäß aus gebranntem, glasiertem Ton, in dem Fleisch »en daube« zubereitet wird.

Eau de vie (aqua vitae): Schnaps aus Obst oder Getreide.

Farigoule: Provençalische Bezeichnung für Thymian.

Favouilles: Kleine Krebse

Fond de tarte: Kuchenboden

Fougasse (von lat. focus, Feuerstelle): Ursprünglich Brot, das in der Asche gebakken wurde. Heute wird vor allem eine bestimmte Form des Brotes, oval mit von der Mitte ausgehend strahlenförmigen Einschnitten, damit bezeichnet.

Garrigue: Landschaft mit niedriger Steineichen-, Hecken- und Kräutervegetation im Mittelmeerraum.

Herboristerie: Kräuterhandlung, Drogerie

Marc: Tresterschnaps (aus der Weinmaische)

Mas: provençalisches Bauernhaus (*Oustau* = Haus)

Melon de Cavaillon: Kleine, gelbe, kugelrunde, gerippte, stark duftende Honigmelone der Gattung »cantaloup«, auch »charentais« genannt.

Mesclun: Mischung aus verschiedenen Feldsalaten – das heißt, wildwachsenden Salaten (7 Sorten)

Die wilde Sorgue ▷

»Den Gemüsegärtnern zu Ehren«

Semelles d'aubergines, S. 75 ▷

Navets: Rübchen (Teltower Rübchen)

Pastis: Alkoholisches Getränk auf der Basis von Anis, das vor allem im Sommer, mit Wasser verdünnt, getrunken wird.

Pebre d'âne (fr. poivre d'âne) siehe Sarriette

Petit gris: Kleine, provençalische Schnecke

Pistou: Paste aus Basilikum, Knoblauch, geriebenem Käse und Olivenöl.

Poêlon (Poêlon d'Aubagne): Rundes, pfannenähnliches Gefäß mit Stiel aus glasiertem Ton. Aubagne bei Toulon ist ein Ort, wo sehr viel Gebrauchskeramik hergestellt wird.

Raisin de table: Eßtrauben (Foto siehe Seite 188), im Gegensatz zu den »Raisins à vin«.

Ramequin: kleine, runde, feuerfeste Keramikform; aber auch kleines Käsegratin.

Roustido: Geröstete Brotscheibe, auf die entweder etwas Olivenöl gegossen oder Aïoli gestrichen wird.

Rouille: Mayonnaiseartige Sauce mit gestoßenem Piment (daher die rostrote Farbe: rouille), die zur Bouillabaisse gegessen wird.

Sarriette: Mehrjähriges Bohnenkraut – geschmacklich unserem Bohnenkraut nur bedingt verwandt (leichter Hauch von Zitrone). Auch als Bergminze (Saturei) oder Pfefferkraut bekannt. Siehe Foto Seite 163.

Scourtin: Runde Sisalmatte, die bei der Herstellung von Olivenöl verwendet wird.

Serpolet: Feldthymian, Quendel

Tapenade: Oliven- und Kapernpaste

Tarasque: Provençalisches Fabeltier, Drache, der das Land in Angst und Schrecken versetzte, ehe er in Tarascon von der Heiligen Martha überwältigt bzw. gezähmt wurde.

Tian: Ovales oder rechteckiges, feuerfestes Tongefäß, in dem vornehmlich Gemüsegerichte im Ofen gebacken werden: Die Gerichte haben den Namen des Gefäßes übernommen.

Vin doux naturel: Süßwein, der ohne Zukkerzusatz, durch Gärungsunterbrechung mit Hilfe von reinem Alkohol erzeugt wird.

Vin gris: Wein aus schwarzen Gamay-Trauben, jedoch wie Weißwein vinifiziert (Gamay noir à jus blanc). In der Farbe ist er heller als die üblichen Roséweine, da die blauen Trauben sofort abgepreßt werden und so nur wenig Farbstoff von den Schalen in den Most gelangt.

Alte Weinkisten zum Transport der Trauben bei der Weinlese

Jumelages

PROVENÇALISCH-DEUTSCHE STÄDTEPARTNERSCHAFTEN

5760 Arnsberg	13270 Fos-sur-Mer
7841 Auggen	84230 Châteauneuf-du-Pape
7570 Baden-Baden	06500 Menton
7812 Bad Krozingen	04550 Esparron-de-Verdon und 04800 Gréoux-les-Bains
6990 Bad Mergentheim	04000 Digne
7880 Bad Säckingen	83110 Sanary-sur-Mer
7950 Biberach	26000 Valence
6301 Biebertal (Hessen)	84260 Sarrians
3300 Braunschweig	30000 Nîmes

7809 Denzlingen
6340 Dillenburg
6332 Ehringshausen
2200 Elmshorn
8729 Eltmann
7830 Emmendingen
5520 Engelskirchen
3559 Frankenau
6400 Fulda
3554 Gladenbach
8242 Glashütten (Taunus)
6149 Grasellenbach
6101 Groß-Bieberau
6080 Groß-Gerau
2000 Hamburg

83270 Saint-Cyr-sur-Mer
84100 Orange
30150 Roquemaure
13150 Tarascon
26130 Saint-Paul-Trois-Châteaux
83140 Six-Fours-les-Plages
13380 Plan-de-Cuques
26150 Die
13200 Arles
84170 Monteux
84330 Caromb
84370 Bédarrides
26120 Montmeyran
83170 Brignoles
13000 Marseille

»Se me coupes
Me poudes;
Se me brules
Me fumes«:
»Wenn du mich schneidest,
Gibst du mir Kraft;
Wenn du mich verbrennst,
Düngst du mich.«

JUMELAGES – PROVENÇALISCH-DEUTSCHE STÄDTEPARTNERSCHAFTEN

7834 Herbolzheim	04200 Sisteron
6348 Herborn	84120 Pertuis
7881 Herrischried	83330 Le Castellet
6711 Heuchelheim	13420 Gémenos
6240 Königstein	06110 Le Cannet
6301 Krofdorf-Gleiberg	84700 Sorgues
6242 Kronberg (Taunus)	83980 La Lavandou
5420 Lahnstein	06140 Vence
8910 Landsberg am Lech	06700 Saint-Laurent-du-Var
7022 Leinfelden-Echterdingen	04100 Manosque
6302 Lich (Hessen)	26220 Dieulefit
7563 Loffenau	84100 Caderousse
6800 Mannheim	83000 Toulon
5353 Mechernich	26110 Nyons
6082 Mörfelden-Walldorf	13127 Vitrolles
6478 Nidda	26400 Crest
8500 Nürnberg	06000 Nice
6435 Oberaula	26740 Marsanne
8390 Passau	06800 Cagnes-sur-Mer
6301 Rabenau (Hessen)	83860 Nans-les-Pins
7760 Radolfzell	13800 Istres
7550 Rastatt	84100 Orange
7980 Ravensburg	26200 Montélimar
6760 Reckenhausen	13340 Rognac
6301 Reiskirchen	06230 Villefrance-sur-Mer
5308 Rheinbach	30400 Villeneuve-les-Avignon
6760 Rockenhausen	13340 Rognac
7210 Rottweil	83400 Hyères
8221 St. Georgen (Chiemgau)	83700 Saint-Raphaël
6905 Schriesheim	30700 Uzès
7070 Schwäbisch Gmünd	06600 Antibes
3578 Schwalmstadt	26270 Loriol
7700 Singen	13600 La Ciotat
7740 Triberg	83600 Fréjus
7400 Tübingen	13100 Aix-en-Provence
8011 Vaterstetten	13190 Allauch
7730 Villingen-Schwenningen	83160 La-Valette-du-Var

JUMELAGES – PROVENÇALISCH-DEUTSCHE STÄDTEPARTNERSCHAFTEN

6229 Walluf	83250 La Londe-les-Maures
8767 Wehr (Baden)	83150 Bandol
5354 Weilerswist	83320 Carqueiranne
6940 Weinheim	84300 Cavaillon
6980 Wertheim	13300 Salon-de-Provence
6301 Wettenberg	84700 Sorgues
6330 Wetzlar	84000 Avignon
7547 Wildbad	83310 Cogolin
7620 Wolfach	83240 Cavalaire-sur-Mer
3180 Wolfsburg	13700 Marignane
8702 Zell (Main)	District du Tricastin: 26700 Pierrelatte, 84500 Bollène, 26130 Saint-Paul-Trois-Châteaux

Bei starkem Mistral reicht die Sicht von Les Saintes-Maries-de-la-Mer bis zum Mont-Ventoux

LES RECETTES – REZEPTVERZEICHNIS (FRANZÖSISCH – PROVENÇALISCH)

Côtes d'agneau à la farigoule

FRANZÖSISCH-PROVENÇALISCH

DEUTSCH

Bibliographie

Frédéric MISTRAL
Mémoires et Récits
(traduction du provençal
Jacques-Henry Bornecque)
Paris, 1979 (Julliard)

Frédéric MISTRAL
Œuvres Poétiques Complètes
texte bilingue
édité par Pierre Rollet
Arles, 1966 (Edicioun C.P.M.)

Marius MORARD
Manuel complet de la cuisinière
provençale
Les secrets de la cuisine dévoilés
Originalausgabe Marseille 1886
Heute erhältlich:
Marseille 1984 (Laffitte Reprints)
oder
o. O. 1988 (P.M.L. Edition)

J. B. REBOUL
La cuisinière provençale
Marseille 24e édition (Tacussel)
(Ende des 19. Jh.)

C. CHANOT-BULLIER
Vieil Receto de Cousino Prouvençalo
(Edition bilingue)
Marseille 1972 (Tacussel)

René JOUVEAU
La cuisine Provençale de Tradition
Populaire
Nîmes 1976 (Eigenverlag)

La daube, von Elise zubereitet

Champagner
Von Gert v. Paczensky. Aktualisierte Neuauflage.
Amüsant und sachkundig wird alles Wissenswerte über dieses prickelnde Getränk beschrieben. Über 1000 Champagner mit allen wichtigen Daten über Crus, Jahrgänge, Methoden, Marken. »Auf dieses Buch von Gert v. Paczensky habe ich mich besonders gefreut.« (Wolfram Siebeck, ZEITmagazin)
240 Seiten, durchgehend farbig mit Fotos, Aquarellen, Etiketten. In Leinen gebunden.

Cognac
Von Gert v. Paczensky. Dritte, aktualisierte Auflage mit 3000 Cognacs und über 1000 Marken. Alles über Herkunft, Pflege, Klassifizierung und Genuß. Goldmedaille der Gastronomischen Akademie!
Fotos von Jürgen-D. Schmidt, Aquarelle und Zeichnungen von Jean-Pierre Haeberlin. 223 Seiten, über 150 Fotos. In Leinen gebunden.

Whisky
Von Michael Jackson.
»Noch nie zuvor gab es ein so schönes Buch über die Whisk(e)ys dieser Welt...« (»essen und trinken«, im Mai 1989).
Ob Scotch oder Malt, Irish, Canadian, Bourbon oder Tennessee Sour Mash – hier erfahren Sie alles, was der Kenner wissen sollte. Ein unterhaltsam geschriebener (Reise-)Führer zu den Whiskys der Welt, von den schottischen Glens bis zu den Brennereien Japans, mit Geschmacksbeschreibungen. Sonderteil Deutschland, Österreich, Schweiz mit Importeuradressen von Claus Arius.
262 Seiten mit rund 500 Farbbildern, Ganzleinen.

Ein Prachtband für das gesunde Eßvergnügen:
Vollwertküche für Gourmets
Von Hermann Pflaum und Marlis Weber.
Spitzenrezepte für gesundheitsbewußte Feinschmecker von einem der deutschen Top-Köche, nach den Regeln der Vollwertküche bearbeitet. Rund 150 Gerichte ohne Fleisch, Menüvorschläge für jede Jahreszeit. 207 Seiten mit 60 Farbtafeln.

Die Kunst des Kochens
Toulouse-Lautrec/M. Joyant
Ein Kunst-Kochbuch mit Menükarten und Vignetten des großen Malers und mit Rezepten aus seiner Küche, die sein Freund Maurice Joyant festhielt. Deutsche Bearbeitung von Horst Scharfenberg.
164 Seiten, rund 200 Abbildungen. Ganzleinen.

Ein Lesespaß für Toscanafreunde:
Die kulinarischen Abenteuer des Fra Bartolo
Von Leonard Reinirkens.
Genüßliche Geschichten vom sinnenfrohen und eßfreudigen Fra Bartolo mit rund 50 Rezepten der besten italienischen Küche. Über 300 Seiten mit vielen Illustrationen von Toni Munzlinger. Auch mit Tonkassette erhältlich.
Hädecke-Bücher sind im Buchhandel erhältlich. Weitere Informationen bei

HÄDECKE VERLAG
Postfach 1203
D-7252 Weil der Stadt